硬派健身
TOUGH
WORKOUT

T O U G H

W O R K O U T

THE BEGINNER'S FITNESS BIBLE

硬　派　健　身

你 的 第 一 本 健 身 书

斌卡　作品

C1S 湖南文艺出版社
HUNAN LITERATURE AND ART PUBLISHING HOUSE

博集天卷
CS-BOOKY

硬派健身
TOUGH
WORKOUT

目录
Contents

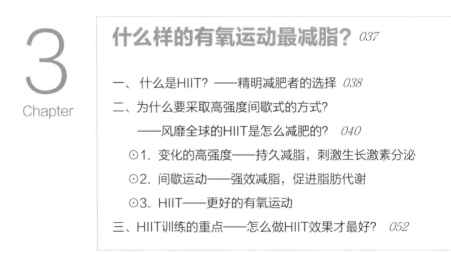

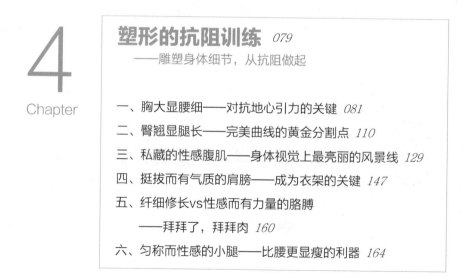

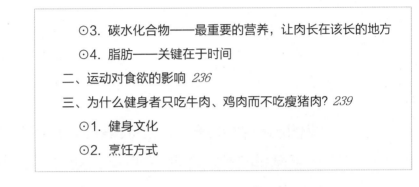

7

Chapter

每日训练计划 *245*

我们出过很多汗、花过很多钱、挨过很多饿，

饱受精神与肉体的双重折磨，却毫无成效，

为什么呢？

是因为你还不够努力吗？

是因为你的意志不够坚定吗？

是因为你的基因不够好吗？

你有没有想过，

可能是因为你一开始就走错了方向呢？

Introduction

**当我们在聊
健身的时候，
我们在聊些什么？**

我相信打开这本书的读者，已经尝试过各种各样的健身方法：节食过、运动过、买过全套的哑铃、办过健身房的会员卡。胖子想要变瘦，瘦子则想要丰满或强壮一些。女性想要前凸后翘，或者能穿上一条期盼了很久的连衣裙；男性则想要穿上T恤衫时像那些身材很好的明星或超级英雄一样，胳膊能撑满空荡荡的袖子……我们尝试过各种各样让自己变得更加好看的方法，尝试过改掉生活中的种种恶习，想让自己变成更好的人。

我们也知道运动的种种好处，可是因为懒、忙，或者别的什么缘故，没有坚持下来。到最后，所有的尝试都停在开始的那一步：哑铃摆在家里落满了灰尘，健身房的会员卡用过一次之后就再也没有用过，喜欢的裙子依旧挂在衣柜里，喜欢的人终究也没有看我们一眼……

更加不幸的一种情况是，我们努力过一两个月，但腰围的尺码从未改变，身上的赘肉像顽石一样纹丝不动，胳膊始终瘦弱无力，汗流浃背换来的依旧是别人的不解和奚落……最终，我们忍不住放弃了，发现还是躺在沙发上吃着薯片看电影最快乐。于是安慰自己："胖又怎么样？我开心不就行了吗？"

可是我们扪心自问，真的是开心就行了吗？

你真的快乐吗？

这个世界总有它残酷的一面，人们有时候免不了肤浅、势利、刻薄。尤其是今天，互联网放大了一切细枝末节。即便是被公认为身材完美的明星，也难逃这样的厄运：闪光灯下一次无意的走光，被裙子勒出来的一层薄薄的赘肉、脸上偶尔长出的斑斑点点……所有这一切就像是被放在显微镜下，被公众讨论、嘲笑、奚落。如果这些世界上最漂亮的人都要面对这些，你又怎么可能逃得过去呢？

所以，每个人都希望自己看起来更漂亮或者更健康一些。然而，很多时候我们被基因所困，没有办法像丑小鸭一样，在一夜之间变成白天鹅。整容或许是个不错的办法，但整容伴随着风险。女性至少还可以化妆，男性能做些什么呢？当面孔已经无法更改的时候，我们把目光投向了身材。虽然我们没有办法再长高10厘米，却能让自己看起来更加苗条一些、纤细一些。

想让自己看起来更好，这是所有努力的初衷。但是，我们出过很多汗、花过很多钱、挨过很多饿，饱受精神与肉体的双重折磨，却毫无成效，为什么呢？

是因为你还不够努力吗？

是因为你的意志不够坚定吗？

是因为你的基因不够好吗？

你有没有想过，可能是因为你一开始就走错了方向呢？

我的很多朋友都在我的劝诱之下，从一个所谓的懒人变成了一个健身爱好者。他们纷纷告诉我自己瘦了10斤，或者终于能够穿上S码的衣服了。他们像我一样经常出入健身房，大汗淋漓又心满意足地离开，然后告诉我："运动，真快乐啊！"

身材不是你健身的目的，快乐也不是健身的目的，甚至健身都不是你的目的。你的目的，是发现你自己，困缚于日常生活中的自己。

我曾经也是单纯为了健身而训练。初始，我跟我的身体对抗，我跟所有人一样，想要更瘦、身材更好。我咬着牙，强迫自己多举起一斤；我攥紧拳头，为了能多跑一千米。不必说，这种目的性很强的健身效果很差，不仅身材没有变好，运动对我来说，都变成了一种压力。

但在后来了解健身、继续训练的过程中，我和身体和解了。其实健身就像一个越狱的过程。我在训练中，渐渐发现了曾经忽视的身体。我开始发现自己身体每一个部位存在的意义，我可以渐渐地了解它们、熟悉它们。我开始明白，健身是自己和自己的身体一起，为了更好的生活去努力。

健身的确有这么神奇的魅力，它的的确确能让你变得更快乐、更漂亮、更有魅力，以及更坚强、更有耐性，并拥有更好的人生。

我希望这是你的第一本健身书，这样，你就不用清除之前的观念，重新正确地认识健身了。

同时，我又希望这是你最后一本健身书，这样，你就不需要别人再告诉你什么是对的、什么是错的了。你可以尊重自己的身体，尊重科学，自己去寻找和发现健身中的各种知识和宝藏。

我希望在读完这本书后不久，你也能像我的那些朋友一样忍不住说："运动，真快乐啊！"

而这些，才是我孜孜不倦地告诉别人健身的好处以及写这本书的目的。

什么样的身材才是好身材呢？
女性的好身材当然是指胸大、腰细、腿长啦！
男性的好身材是肩宽、腰细、臀翘、八块腹肌！
还有更简单的：好身材就是瘦啊！
但什么是瘦呢？

1
Chapter

什么样的身材
才是
好身材？

> 我希望在瘦的同时，穿衣服依然很好看，比如，肩膀更直一些，穿平底鞋的时候能露出性感的小腿。
>
> 我希望我偶尔解开衬衫领子或拉起衣服的时候，也能够像男明星一样，露出让女性尖叫的胸肌和腹肌。

什么样的身材才是好身材呢？

你可能会说：这是什么破问题！女性的好身材当然是指胸大、腰细、腿长啦！男性的好身材就是肩宽、腰细、臀翘、八块腹肌！

还有更简单的：好身材就是瘦啊！

但什么是瘦呢？

这个问题听起来更蠢，但请仔细想一想，你想要的是怎样的瘦呢？我们常常能看到一些因疾病或营养不足而消瘦的人，那一定不是你想要的身材。

如果我要求你描述得更具体一些，身为女性的你可能会说：我希望自己虽然瘦，但还是有一点点曲线的。我希望在瘦的同时，穿衣服依然很好看，比如，肩膀更直一些，穿平底鞋的时候能露出性感的小腿。

男性则会说：我希望自己穿正装的时候能撑起肩膀，穿休闲装的时候看起来不是空荡荡的。我希望我偶尔解开衬衫领子或拉起衣服的时候，也能够像男明星一样，露出让女性尖叫的胸肌和腹肌。

当我们把"好看"具体化的时候，我们就会发现，其实自己对身材的期待不只是瘦而已。我相信这个世界上有很多很瘦但并不好看的人，你看到他们的照片时丝毫不能产生任何审美上的愉悦，反而会觉得厌恶。再仔细想下去，你会发现其实

> **你想要的也不只是瘦而已，而是在瘦的同时，还能有型。**

那个型是什么呢？其实就是你骨骼和肌肉的形态与搭配。

骨骼可能是天生的，肌肉却不是。换句话说：

好身材是可以通过训练来获得的。

那么，是哪些肌肉影响到了所谓的"型"呢？如果你去研究一下模特儿的标准就会发现，除了身高，他们的要求还包括肩、背、腰、臀，等等。

撑起你的衣服的是肩和背，决定你的比例的是腰，同时腰和臀影响了你的苗条程度，存疑，这种表达是否正确则在视觉上决定你的腿能否显得更长。为什么我们在形容一个人的背影完美时，说的是"V"字形而不是"I"字形呢？

这就要从肌群说起了。

一、那些让你看起来更棒的部位

首先要明确一点，人体的肌肉是由大肌群和小肌群构成的。大肌群有胸、背、臀、腿，小肌群则有肩、胳膊、腹、小腿。

无论是想要穿衣好看还是身材好看，大肌群都起着非常重要的作用。人体的骨骼就像一幢房子的基本结构，大肌群就像墙体，保护我们的内脏，并将我们的身体填充起来；小肌群则更像是窗帘、茶几之类的小装饰，某种程度上更像一种整体风格的延伸。

当我们打量一幢房子是否合适的时候，可能会考虑布局是否合理、墙体够不够漂亮、柱子的位置对不对，等等。然而，当我们打量自己的身材时，总是在注意一些小细节，比如，胳膊上有拜拜肉、锁骨不够清晰、小腿不够纤细……大家为了达到理想的目标，各自练着哑铃、杠铃、弹力带，弯举、推举、臂屈伸，举铁举得不亦乐乎，幻想付出的辛勤的汗水，最后能够帮助自己收获梦想中的身材。

但是且慢！你们是不是弄错了什么？

我们喜欢那种健硕的充满雄性气质的男性身材，不光是因为他们硕大的胳膊。比如施瓦辛格，145厘米的大胸厚背，75厘米粗的树干般的腿部，宽阔的三角肌撑起来的肩膀，才是他让人第一眼就感觉阳刚英武的重要原因。

你知道"维多利亚的秘密"的模特儿们身材好，可你见过有谁拿着放

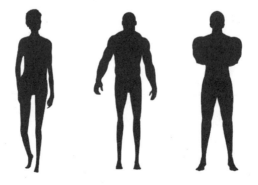

大镜或尺子去看她们的胳膊够不够细、小腿够不够粗吗？虽然的确有一些看热闹不嫌事大的媒体以拍明星的丑照为乐，可是猛一眼看上去，模特儿们的身材还是比普通人好很多，不是吗？除了看起来腿长，肩膀和腰部的比例合理、背部线条流畅、腰臀比（Waist-to-hip ratio, WHR）引人遐思，也是很重要的原因。

这就是很多人在健身上存在的误区：总是关注一些无关紧要的细节，而不注重整体，或者说，根本没有认识到自己身材的问题所在——这些细枝末节，除了你自己，根本没有人会看得那么仔细。

再回到那个房子的比喻。你走进一个房间，发现地板已经翘起，墙壁刷了非常难看的颜色，家具都很烂，唯独有个著名设计师设计的水龙头，你觉得整体效果会好看吗？又或者你喜欢一辆车子，造型、性能甚至价格全都完美，车身线条流畅得如同大师的绘画，空间刚好能满足所有的日常需求，座椅的舒适度也堪比头等舱……这个时候，你发现后视镜的边框弧度不是你喜欢的，但是，你会在意吗？

人与人之间的印象也是一样的道理。

初次见面，从身材上看，大家只会关注你的整体体形是不是好看。看男性是不是健康强壮，看女性是不是身材合理、是不是仪态优美。有时候碰到擅长穿衣打扮的人，我们甚至看不出他（她）身材上的不足。谁会去关注你的手臂后边有几毫米的脂肪，或者让你脱下西装看看你肱二头肌的肌峰或肱三头肌的马蹄形状呢？哪怕是在人们穿衣很少的海边沙滩，我们在看人的时候也不会研究他（她）的脚踝的围度是多少呀。

所以，刚开始健身的时候，不要太在意一些细节的部位。

手臂上有点儿拜拜肉？肱二头肌不够饱满？脚踝不够纤细？锁骨只能盛下半勺水？一开始，你统统不用理会，你需要做的是：

> **改变所有人第一眼就能看到的部位，塑造一种直观上整体完美的体形，而不是改变那些只有你自己才在乎的微小细节。**

所以，当我们一开始健身的时候，最应该练的是哪些部位呢？

一句话，就是对体形修饰效果好的大肌群。那就是：

胸、背、臀、腿

除了这一点，训练大肌群还有一个好处，那就是相对于大肌群，小肌群消耗的热量是微不足道的，在减脂塑身方面效果甚小。你拿手指捏住笔、捏住鼠标忙活一天，即使手指手臂很累，你也不会瘦，但你全身的大肌群参与跑步半小时，保证减脂效果比玩一天电脑要好得多。

小肌群的训练也同理，你去做那些所谓的能消除拜拜肉的训练动作，也没法儿有效减脂，而从整体上、从大肌群上减脂，才会真正达到你想要的效果。我们一般形容一个人胖的时候都说"虎背熊腰"，什么时候说过胳膊太粗呢？对于增肌者来说，也只有大重量、大肌群的训练才能更好地刺激各种激素（睾酮或生长激素等）的分泌。

所以，练小肌群，对初学者来说不仅塑形效果很差、减脂效果很差，甚至对目标细节的修饰效果也很差。假设你有一双细细的小腿，但腰围却高达80厘米，远远看过去依然是一个胖子；或者你虽然没有拜拜肉，但有一双粗壮的大腿，整体的形态也一定不会非常协调。

换句话说，你们所做的小肌群、孤立、小重量训练，从根本上不符合增肌、减脂、塑形的条件，不可能取得良好的效果。

给训练入门者一个诚心诚意的忠告：

放弃大多数小肌群训练，从今天起，每天做一次大肌群训练（胸、背、臀、腿）6～10组，搭配核心肌群训练（腹部、下背部）1～3组，最后做HIIT（高强度间歇训练）15到30分钟。不到半年，你就会惊喜地看到自己的改变。到那时，你一开始担心的小问题，可能也就随风而逝了。

健康、塑形、减脂、撑衣……一切从大肌群训练开始。抓大放小，才是增肌或减脂运动入门时的王道！

二、体重能能代表什么?

我们在描述一个人的身材时总是说：他身高××厘米，体重××公斤。有人说，身高不是问题，体重也不是问题；身高不高，体重很重，这才是问题。

真的是这样吗？首先，我们来看这幅图。

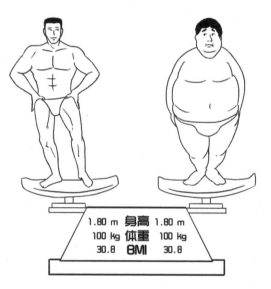

健美先生v.s普通胖子

天平两端，两人的身高都是180厘米，体重都是100公斤。也就是说，两人的BMI指数都是30.8（BMI, Body Mass Index.即身体质量指数，是判断一个人身体体质和体脂的参数，由身高除以体重的平方得到）。

但是，我们也能看到两人最大的区别：一个拥有很多男人梦寐以求的身材，一个就像生活中天天会见到的普通胖子。而且，如果他再这么不健康地生活下去，可能很快就会进化为死胖子……

也许你会指着上图中左边的人说，这怎么可能？一个身高180厘米的人，体重100公斤，怎么还会显得这么瘦？

但实际上，著名的硬派动作巨星——巨石强森身高195厘米，体重118公斤，BMI指数31。跟上图中左边所描绘的人，体形差不多。

女性也一样，欧美的女星，体重普遍比亚洲女星重很多。麦当娜年轻的时候，身高165厘米，体重60公斤。这样的体重放到国内女性身上，绝对会被认为是很胖了，然而天后年轻时的身材，却让整个世界为之着迷。

身高、体重都一样的两个人，身材却有如此大的差别，这是什么因素决定的呢？

下图就显示了脂肪和肌肉的密度之差。毫无疑问，强森身上的肌肉比一般胖子多太多了，而脂肪又少太多了。

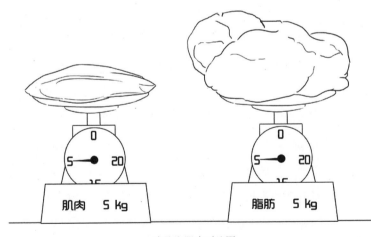

脂肪和肌肉对比图

一目了然，同样是5公斤的重量，肌肉的体积比脂肪的体积小很多。肌肉的密度大概是1.12g/cm³，而脂肪大概只有0.79g/cm³。我们可以想象一下，如果一个人的体重不变，只是把多余的脂肪转换成肌肉，那他将瘦下去多少啊？

以健美先生vs普通胖子图为例。现实生活中一个身高180厘米、体重100公斤的胖子，腰围至少100厘米（3尺多，接近4尺）。而健身者，同样的身高、同样的体重，腰围都只有80厘米左右（2尺4寸左右）。

所以，增肌减脂的好处，不只是你的体形瘦下来了。而且，训练肌肉，会让你越来越瘦！

人体的能量消耗大多在肌肉组织中完成。在一般人身上，脂肪占身体重量的15%到25%，但是只有2%到5%的脂肪会参与到新陈代谢之中。[1]

肌肉是能耗大户。一般静止状态下，1公斤肌肉24小时大概可以消耗15千卡的能量，而1公斤脂肪24小时只能消耗2千卡。

我们还以健美先生vs普通胖子的图为例，一个胖子的肌肉含量大约占身体重量的30%，一个身材健美的人的肌肉含量约为身体的45%，他们每天即使躺着不动，两个人的基础代谢也能差出200多千卡。

况且，在维持日常活动量的情况下，每公斤肌肉24小时的基础热量消耗是70千卡，而脂肪呢？还是只有可怜的2千卡。[2]

也就是说，图中两个人实际每天的热量消耗差异应该会高达1000千卡。

光说了肌肉的好处，再说说增长肌肉的好处。无氧抗阻训练过程中，除了增加热量消耗，减少皮下脂肪之外，肌肉还会产生大量的乳酸，乳酸可以刺激生长激素（传说中的减脂利器）的分泌，从而带来肌肉的增加，在此过程中增多的生长激素克有效减脂。同时，肌肉与训练之后新陈代谢的提高有一定的关系，而新陈代谢的提高可以帮助进行无氧运动的运动员达到减脂的目的。

另外，每增加1磅肌肉（约0.45公斤），我们还需要额外支付2500千卡的热量！这也是一笔不小的减肥收益哟。

最后，算算你的BMI和静息代谢：

BMI 是世界公认的一种判断肥胖程度的分级方法：

BMI=体重（kg）÷身高（m）÷身高（m）

偏轻	正常	偏重	超重
<18.5	18.5~24	24~28	>28

WHR=腰围（cm）÷臀围（cm）

	理想	还行	小危	高警
男	0.85~0.9	0.9~0.95	0.95~1.0	>1.0
女	0.7~0.75	0.75~0.8	0.8~0.85	>0.85

注解

[1] Owen, O. E. (1988). Resting metabolic requirements of men and women. Mayo Clinic Proceedings, 63(5), 503–510.

[2] Hoeger, W., & Hoeger, S. (2003). Principles and labs for fitness and wellness (7 ed.). Wadsworth Pub Co

为什么有些人吃什么都不胖？
为什么有些人一喝水就胖？
为什么你连续一周都没有吃东西，裤子的尺码还是没有变小？
为什么有些人明明看起来很壮，体重却跟你差不多？
为什么？？？

2

Chapter

你为什么会
减肥失败？

长期以来，各种健身类的传统媒体、网站都告诉我们，减肥就是两件事：

首先是少吃——节食、断食或者绝食，可以让自己摄入的热量减少；

其次是多动——跑跑步、走走路，可以让自己支出的热量增加。

人体在这些简简单单的加减法之中，轻轻松松就减下体重和体脂了。

然而，减肥真的这样容易吗？

当我们谈起减肥时，我们首先想到的是什么？是不是类似于"少吃多动"这样的话？

长期以来，各种健身类的传统媒体、网站都告诉我们，减肥就是两件事：首先是少吃——节食、断食或者绝食，可以让自己摄入的热量减少；其次是多动——跑跑步、走走路，可以让自己支出的热量增加。人体在这些简简单单的加减法之中，轻轻松松就减下体重和体脂了。

当我问起为什么会相信这种理论时，大家都会很高兴地告诉我："摄入少，支出多，身体自然就瘦啦！"

然而，减肥真的这样容易吗？

小时候，我觉得足球是一项非常容易的运动，因为足球有一个必胜的法则："如果我能进球，对方不能进球，那么我就赢了。"

后来，我觉得有钱也是一件很简单的事情："只要我们光赚钱，不花钱，自然而然就能变成有钱人了。"

长大后，我才发现其中的谬误所在：人生也好，足球也好，时刻都处于复杂的平衡之中，每项因素的波动和改变，都会引起一系列的变化。单纯的加减法，绝对没有办法让我们百分之百地赢得成功。

你想过吗？你的身体机制，也是一样的。

人类的身体进化了几百万年，可不是一个不懂得变通的笨蛋。人体的体重、体脂调控机制相当复杂、精密，倘若你想做出改变，只靠加减法，是绝不可能成功的！

很多人在尝试过节食后，虽然短时间内体重降低了，却始终没有得到自己梦想中的身材。而体重、体脂在一段时间后，反弹得更厉害，让身体变得更胖、更重。最重要的是，

错误的减肥方式给你的身体带来的伤害远比你想象中要大，不仅会让你变成一个不健康的胖子，而且有可能让你变成一个愚蠢的胖子。

想要赢球就要了解足球；想要赚钱就要懂得钱；想要幸福的人生，至少得明白你在追求的幸福是什么。而想要健康的身体，自然得知道你的身体是怎么运行的。

为什么有些人吃什么都不胖？为什么有些人一喝水就胖？为什么你连续一周都没有吃东西，裤子的尺码还是没有变小？为什么有些人明明看起来很壮，体重却跟你差不多？为什么？？？

想要改变自己，先要尊重自己、了解自己。

一、节食失败的原因

⊙1. 节食会让人变蠢——你知道你的大脑会被吃掉吗？

很多人计划减肥时，首先想到的就是上网搜索快速减肥的方法。当你在网络上输入关键词后，你会发现，很多网站都推荐了各种节食、断食减肥的教程。每种教程都有一个虽然不明白是什么意思，但是听起来非常厉害的名字："×本哈根减肥法""×特金斯减肥法""苹果7天减肥法""水煮蛋减肥法"，等等。

当然，这些减肥饮食法都保证：一个月内至少瘦10斤，而且无痛苦、不反弹。你十分高兴，从众多方法中挑选了一个看起来饮食种类还比较丰富的"15天20斤减肥法"，心中幻想着15天后减下20斤的自己，兴冲冲地开始了自己的节食减肥之旅。

然而，要不了多久，你就会发现，你的体重可能会轻上一两公斤，可是镜子里的自己毫无变化，甚至变得更糟糕：你会发现自己的皮肤因为节食变差、肤色不太正常、工作没有精力……你可能会安慰自己：再坚持一下就好了，再坚持一下……

可是很不幸，网络上那些节食死亡的消息就是这么来的。

节食减肥的问题，到底在哪里呢？

我们假设减肥像花钱一样。你在城市里工作，但是没有自己的家，作为一个有长远计划的人，你省吃俭用存了20万元，准备买房子。

你现在的工作，一个月赚5000元。满足基本生存所需的房租、水电费、饭费、通勤费等，一个月要花2000元；日常的交际、娱乐等也要花掉将近2000元。目前还能存下1000元，日子过得还算不错。

突然，你换了一份工作，月薪只有3000元了，你会如何管理自己的财务收支呢？

作为一个有长远计划的人，你的第一个选择可能是：把日常交际娱乐砍下一部分，比如，少去餐厅、少去看电影。这样，你就不必动用自己的存款，买房还能有点儿希望。虽然生活质量打了一些折扣，但是，至少日子还能继续。

那么，我们把这笔账，带入你的节食减肥之中，会如何呢？

假设你一天应该摄入2000千卡，消耗与支出也是2000千卡，收支平衡，不亏不欠。但你觉得自己太胖，于是开始节食，一天只摄入1000千卡，于是，身体开始犯愁了，热量不够怎么办？

几十万年的进化历程告诉我们的身体，当热量摄入不足时，比如遇到饥荒、灾祸等紧急情况，身体就必须要做些什么了，如果还像以前那样大手大脚地消耗自己珍贵的卡路里，那么很快便会：饿死了！

于是，身体非常聪明地开始控制日常的支出，它把平时的消耗控制到1000千卡以内，只是让你很基础地"活着"，而不是好好地"生活"。但身体认为这样的克扣依然不足，它会继续扩大限制的范围，比如，你的智商。

一项来自英国伦敦国王学院的纳尔逊博士主导的研究表明：

在595名11岁到18岁的年轻女性研究对象中，节食大大降低了用此方法减肥的年轻女性的智商。

也有研究发现，65岁以上的老人进行节食的话，更容易发生认知障碍。这可以证明节食减肥之害，不分年龄段。

节食真的会"吃掉"你的脑子。

根据美国爱因斯坦医学院的研究，让老鼠节食后，其下丘脑的神经元开始吞噬它的细胞器和蛋白质。下丘脑区域主要是负责管理睡眠、温度、口渴和饥饿等生理机制的（所以我们常会因为太饿而睡不着觉，因为口渴而错以为自己饿了）。当下丘脑开始吞噬自己的细胞器和蛋白质时，我们会越发感觉饥饿。这也可以理解为大脑的自我保护反应。

换句话说，通过节食来减少热量的摄入，不仅不可能达到你幻想中的"日常热量收入＜日常热量支出＝减肥"这个简单的公式，你的身体还会用克扣智商、降低免疫力等行为，让你的热量支出越来越低。身体为了能够让你活下去，把公式调整为"日常热量收入≈日常热量支出—智商—健康"，从而减肥失败。

每年因为减肥而生病、住院甚至死亡的女性不在少数，我想，聪明的你一定会避免这样的状况。不是所有的"努力"都能得到好的结果。如果方法不对，你做再多的习题也有可能考砸；不知道喜欢的人想要什么，却盲目地对他（她）好，绝大多数情况下也难以得到他（她）的好感；每天晚睡早起，但工作毫无效率，一样无法升职加薪……

如果你一开始就选择了错误的减肥方式，就算把自己饿到半死，腰围还是一点儿都不会变，甚至反而更胖了。那么不好意思，有时候，可能，你真的活该。

⊙2. 节食会反弹——减肥2斤长回10斤，这就是节食的下场

很久很久以前，有一只猴子，为了生存，它四处寻觅食物。可惜的是，它太弱了，打不过很多强大的动物，没法儿吃到鲜美的肉类，只能奔波劳碌地到处采集野果或杂草。即使是这样，它的很多同类还是饿死了。因为野果和杂草提供的热量太少，虽然偶尔能吃到蜂蜜或者新鲜动物尸体上的肉，但是吃进嘴的终究是有限的，过两天就会消耗殆尽，再饿几天，最终还是免不了一死。但是，这只猴子神奇地活了下来，为什么呢？

因为它有一种与众不同的强大能力——能不停地吃、不停地胖。偶尔找到野蜂蜜或者撞树而死的野猪，它就会大吃特吃，就算吃饱了，它的胰岛素还会继续分泌，这样可以最大限度地把难得的食物转化为脂肪储备起来，帮助自己度过下一次可能的饥荒。

这只猴子与我们有什么关系呢？

是的，我们就是这样的猴子的后代。自然的进化淘汰了那些食欲不振、胃口不好、吃再多也不长胖的基因，所以，留下来的就是我们这些热爱美食、毫无节制、喝口水都会胖的吃货和死胖子啦。

这一点在我们中国人身上表现尤甚。有数据显示，当BMI指数同样为27时，中国人2型糖尿病的发病率比世界平均水平高出将近60倍。这可能与我们文明史上遭遇过很多次大饥荒有关。

我们的身体中，流淌着狂吃到死的血液……

为什么我要说这些呢?有人常常被骂:"你不吃、不长肥,会死吗?"我来告诉你,在人类历史上,不吃、不长肥,会死。

因此,我们一直在努力创造一个能减少自己能量支出、增加自己能量摄入的环境。我们促进了农业的发展,食品的改良,让自己能吃得更好,摄入的热量更多。

我们又发明了各种机器帮助我们工作,以及各类自动化技术,让我们省心省力。现如今,人类已经不必长途跋涉去寻找低热量的食物。我们可以开着汽车,到超市里选购各种能满足我们一天所需能量的零食。

我们为自己创造了一个可以只进不出的人为环境,也就是学者所谓的致胖环境[1]。

但我们的身体进化不能及时赶上这种变化,我们的基因仍然控制着我们的能量只能进、不能出,体重只能升、不能降。身体以为,我们的生存环境依然像原始时代,朝不保夕,有了上顿没下顿。如果今天能找到高热量的食物,猴子的基因会让你不停吃、不停胖,永不停歇。

因此,当你的身体适应了你现在的体重,这些肥油就会踏踏实实地长在你的身上。

> 无论你节食或者不节食,它就在那里,不离,不弃。
> 这就是体重的设定点(set-point)理论[2]。

单靠节食，是不可能真正做到减脂减重的。耸人听闻吗？看实验。

一支澳大利亚研究团队在《新英格兰》杂志上发表了一篇研究文章。[3]他们招募了一批体重94公斤左右的受试者。在开始的10周里，研究者对这些人进行了饮食干预（每天限制吃喝，摄入仅500~550千卡）。在这10周里，受试者平均减重大约13公斤，听起来很棒，是吧？我们再听听后面的反弹故事。

10周后，他们测试了这些人的激素水平，发现以下两种激素发生了很大变化：一种是瘦素（Leptin），顾名思义，它的作用是调节体重，把人往瘦了整。通过促进机体减少摄食，增加能量的释放，来抑制脂肪细胞的合成（另外，在很多免疫和修复功能上也有重要作用）。10周干预结束后，瘦素在受试者体内的含量大约下降了三分之二。

另一种是脑肠肽（Ghrelin，即生长激素），它的作用是刺激饥饿感，促进胃排空以及胃酸的分泌。10周干预结束后，它的水平有明显的上升。

实验人员对这些人进行了持续一年的"保持减肥体重"干预，具体包括定期营养咨询，每天参加30分钟的中等强度运动等。最后的实验结果显示：一年后，大多数受试者的体重，反弹了7到8公斤。

而近期国内一项"十一五"的相关研究证明，仅仅6周的有氧加抗阻力训练就让人平均瘦了大概5公斤。[4]

一年后，这一群受试者的脑肠肽水平还是高于实验干预之前，瘦素的水平相比实验开始之前仍是低了三分之一左右。也就是说，在节食结束一年后，人体依然没有挣脱狂吃、变胖的渴望。

> 当你的体重被身体确切地设定在一个点上后，它会尽可能以一种只进不出、只加不减的方式来维持甚至是增加体重。

这个实验也是设定点理论的一个佐证。

在你的体质、生活习惯没有全面改变的情况下，单单通过控制饮食、减少热量摄入是不可能真正减去体重的！

换句话说，对于减肥这件事，饿是解决不了根本性问题的。强制性地控制饮食，除非你能做到一辈子挨饿，不然，一旦恢复正常饮食，只会比原来更胖！

⊙3. 节食导致暴食——管不住自己的嘴巴，都是因为你节食！

现在我们知道了，节食是不能减肥的，即使节食减肥降低了体重，体重也终会反弹。还有一个重要问题：你真的能成功节食吗？

很多人在节食减肥中，都不停地循环着两种生活：

一开始，拟定各种低卡路里饮食的限制，严格控制自己的饮食摄入，下定决心，与肥肉死磕到底："在减到100斤以前，我只吃清水烫蔬菜！"

然而，坚持一天或几天后，你实在撑不住了，食欲大开，暴食一顿，还专门挑各种高油、高糖、高热量的食物吃。吃完之后又后悔不已，下定决心少吃！发誓下一顿不吃，或者每顿只吃最少热量的食物。

然后，饿了几天你又撑不住了，脑子里幻想着各种美食飘过，于是忍不住又大吃一顿，吃完之后觉得内疚，又开始下定决心节食……就这样节食—暴食—节食—暴食，进入了一个死循环……

最后，即使我们发挥了自虐精神，减肥还是毫无成效，于是认为错误全部都出在自己身上，狠狠地骂自己没有意志力、不够努力、不够拼命……甚至有些人还大大发扬阿Q精神，说："我减肥不成功是因为我太爱自己了！"

大错特错！

俗话说得好：欲望像弹簧，你强它更强。这不是单靠意志力就能解决的问题，你的意志力和人类身体的战斗力压根儿不是一个级别的。如果单靠意志力就能战胜身体的话，癌症早就不是事了。身体有属于自己的运作体系，当我们饥饿的时候，身体就会有本能的反抗，通过分泌各种激素来对抗你的意志，促使你去吃各种高糖、高脂、高热量的食物。

当你的身体处于饥饿状态，血糖比较低的时候，身体会分泌出几种激素，最典型的比如脑肠肽[5]和食欲素[6]。它们都会因为饥饿导致的低血糖而增加分泌，而当它们的分泌增加时，你的食欲也开始高涨，并且比平时更加渴求高糖、高脂的食物。[7]

如果你正常饮食，一般情况下，晚餐的时候，你吃一些杂粮粥饭或者正常的蔬菜、肉等就可以吃饱。但是如果你一直强制性地压制自己的饥饿感，到最后你饿到了极限，实在忍不住了，半夜冲到冰箱前扫清一切，喝掉一瓶可乐，泡了三包泡面，吃了五包香肠，可能才得以满足。

如果一开始你好好吃饭，正经饮食，搭配规律的运动，可能会平平稳稳、健健康康地瘦下去。但是由于你一次次节食减肥，又一次次暴饮暴食，不仅身材胖了、肥了，而且身体也垮了、废了。

乔布斯从嬉皮时代起，就受到来自印度等地的禅修思想的影响，开始坚持只吃蔬菜、水果（热量自然低于一个大男人的日常所需），并且经常性地断食、节食。

我仍然记得《乔布斯传》中，霍姆斯描述乔布斯行为的一段话：史蒂夫来的时候总是很饿，于是就猛吃一通，然后他就要去吐掉……这让我们非常苦恼，因为我们费尽周折才弄好一顿饭，但他却留不住食物。

这就是典型的"神经性贪食症"。简单地说，就是节食期间突然暴食，然后通过催吐、服用泻药等方式将食物排出体外的一种病症。患有同样病症的还有英国的戴安娜王妃。

乔老爷子的行为——克制进食，一般被定义为：为了减轻体重或达到其他目的，习惯性地通过刻意抑制，忽视生理需求，来减少能量摄入的一种行为。[8]

尽管克制进食者都非常想控制自己的进食行为，但总体而言，绝大多数克制进食者的努力都是失败的。他们经常处于节食、暴食、过食交替出现的过程中。[9]很多研究表明，克制进食反而会显著提高暴食和神经性贪食症的出现频率，以及那些随之而来的风险。[10]

克制进食导致的神经性贪食、暴食是很难避免的。

其一，克制进食者在节食后，对高热量、高糖、高脂肪食物的喜爱程度显著增加，这可能与胰岛素等激素的分泌水平有关。

其二，血糖不规律的变化会导致节食者血清素系统的剧烈变动，其中包括5—羟色胺2A受体等一系列功能的减弱。而血清素系统主要负责人体食欲的调节。[11]

不言而喻，暴食和神经性贪食的危害是极大的，从生理方面看，食道破裂、牙齿腐蚀、肾脏损害、慢性胰腺炎（还记得乔老爷子是怎么死的吗？胰腺癌）等都是神经性贪食症的常见并发症。

从心理方面看，有研究表明，暴食和神经性贪食也会增加人类的冲动，导致情绪不稳定、焦虑，甚至会出现滥用酒精和药物、偷窃、自杀等严重后果。

> **饮食本身并不是一种罪过，贪食才是。**

健康、稳定的饮食习惯，不但不会让你变胖，反而更利于长期的减重减脂，而且比短期节食更有效。罗马不是一天就能建成的，肥肉也不是一天就能减下去的。那么，我们还是选择细水长流，健康地减重吧！

当然，对于很多人而言，一定程度上减少自己的日常热量摄入也是非常有必要的。毕竟，因为致胖环境的产生，现代人摄入的热量还是相对超标的，特别是那些身体超重比较明显的人，更要特别注意控制自己的日常热量摄入。

不过，对于大多数人而言，单靠控制饮食获得理想身材总是太慢，那么遵循少吃多动的原则，疯狂跑步总是很快、很健康的减肥方式了吧?

对不起，运动减肥也是有学问的。想要有效、健康、稳定地减脂减重，获得自己梦想中的身材，大家还需要对健身运动有更多的科学了解。

二、运动失败的原因——你太容易听信他人了!

⊙1. 常识破坏1: 只有40分钟以上的有氧运动才减肥?
——大错特错!

很多杂志和网站都告诉我们: 只有进行40分钟以上的慢跑、骑自行车等有氧运动后, 脂肪才开始消耗。我们在谷歌、百度等搜索引擎上查询运动减肥时, 发现这句话俨然已经成为街头巷尾传颂的运动真理了。

但这种真理又有多少是真的呢?

首先, 我们要告诉大家一个让人高兴又悲伤的知识: 由于人活着需要能量供应, 而脂肪又是人最主要的能量来源, 所以, 我们即使在安静地睡觉、坐着打游戏、躺在沙发上吃薯片的时候, 也在消耗热量, 这些热量几乎全部来自脂肪。而你在进行普通的跑步、骑车等有氧运动时, 都是从一开始就燃烧脂肪、供给能量的, [12]并非像一些杂志或网站宣称的那样, 只有在40分钟之后才开始。所以, 这个说法从一开始就错了。

有数据表明, 在长时间的有氧运动中, 糖和脂肪都是按比例供应能量的(各占50%)。女性由于血液中的游离脂肪酸比较多, 一开始的脂肪消耗相对于男性还会更高一点儿, 脂肪供能比例在60%左右。

但为什么那么多杂志、网站都说只有40分钟以上的有氧运动才减脂呢?

确实, 有氧运动的时间越长, 脂肪消耗比例也就越高, 但脂肪供能比例具体能提高多少呢? 实际上, 你跑一个小时, 不过将脂肪供能比例提高了大约10个百分点而已, 即脂肪供能大约占60%。还有数据显示, 正常人进行日常活动, 如坐卧站立时, 脂肪的供能比例比跑步时更高, 那么你能得出结论，认为坐在电脑前工作一小时比在跑步机上跑一小时更减肥吗？

令人震惊的是，即使从长远的时间范畴看，有氧运动所消耗的总脂肪和热量，也是低于高强度的无氧抗阻训练和HIIT训练的。

这个观点并非夸大其词，在一项试验中[13]，研究者将一批身体状况接近的被试人员随机分为两组。其中一组做低强度的有氧运动（一直持续50%的最大摄氧量），另一组做高强度间歇训练。

最后研究发现，虽然在运动中，低强度有氧运动所消耗的脂肪量明显高于高强度间歇训练，但是在运动结束后的一段时间里，相对于低强度有氧运动，高强度间歇训练的减脂作用一直在持续，最终在24小时内，所消耗的脂肪总量居然超过了低强度有氧训练。而更令人感到神奇的是，高强度间歇运动所造成的持续燃烧脂肪、消耗热量的时间竟能持续72个小时左右。

这也就是说，如果你进行高强度间歇训练，那么，在运动结束后的很长一段时间内，你的身体还是可以继续保持高效率的热量、脂肪消耗。[14]其效果就是，你真的能实现躺着就能变瘦的梦想！

所以，简单而言，高强度间歇训练、无氧训练，相对于长时间的低强度有氧运动，更能提高机体的新陈代谢水平，提升一段时间内身体消耗热量、消耗脂肪的能力，从长远来看，减脂减肥的效果更好。（力量训练增加的肌肉更是能耗大户，有数据表明：在静止的情况下，一磅肌肉24小时内能消耗6千卡的热量，而一磅脂肪在相同的环境下只能消耗2千卡的热量。）

⊙2. 常识破坏2：长时间的有氧运动是最好的减肥运动？
——没错，但不一定对你有用！

如果你想追求一个男神或女神，你会怎么做？无止境地对他（她）好，死乞白赖地缠着他（她），孜孜不倦地追求他（她），还是努力打造自己的魅力？

我想这是一个很简单的选择题，大部分人都会选择成为一个更有吸引力的人。

减肥也是同样的道理。如果你想让自己看起来更瘦、线条更好看，你要做的，并不是单纯地通过控制饮食和长时间跑步来减少热量摄入、增加脂肪和热量的消耗，这绝不是最有效的手段。只有通过调整自己的体质，让自己变成能具有清晰线条、皮脂较低的人，才是最有效的解决方式。

而要实现这一目标，就必须从力量训练开始，通过调节基础代谢，让自己变成低体脂储备的体质。

通过长时间的有氧运动增加脂肪消耗，就像还不知道对方心意，就每天给他（她）发短信、买早点、节假日送他（她）东西一样。如果双方一开始就没有可能，那么这些努力只会徒增伤悲。

再比如，一个钟点工每天工作10个小时，一个月赚的钱可能比很多公司的初级白领还多，但你会为这个改行做小时工吗？应该不会吧？为什么呢？因为你肯定知道虽然小时工短期内赚钱多，但长远看，白领的增值空间更大啊。

有氧运动就相当于小时工：工作时间长，短期内比较高效，但没什么升值空间。高强度间歇训练和无氧训练则像是初级白领，虽然一开始看似收获不大，但你的工作性质决定了你的幸福感更高。

另外，

通过长时间的有
氧运动来减重，
对于体重正常的
人来说，效果是
很差的。

单纯的长时间有氧运动可以提升一些健康指标，比如血压什么的，但是在长时间的尺度上并无益于体重和身体脂肪的减少。[15]

体脂含量有点儿像央行的存款准备金率，准备金率不会被实际的收入和支出影响，能影响准备金率的是央行对整个国家和世界市场的评估。

体脂含量也一样。你的实际热量收入和支出，是不会影响到体脂含量的。能决定体脂含量的，是身体对你整个人体质的评估。

举个简单的例子，就像你贷款买房时要付首付一样，假设首付为30%，无论你买300万元的房子还是50万元的房子，30%是不变的，跟你存款多少、房子大小无关。体脂含量也是一样，哪怕你从200斤减到100斤，你的体脂含量也还是30%……换句话说，你的体重虽然降低了，看起来也瘦了，但你其实只是变成了一个小号的胖子而已，并不是真正"瘦"了。

⊙3. 常识破坏3：支出脂肪就等于体脂降低？
——话虽如此，但减肥不是数学

人类学家发现，很多原始部落都是采用把猎物跑死的方法来捕猎的。人类其实是有氧耐力最强的哺乳动物之一，更有很多生物学家甚至认为"没有之一"。比如墨西哥的tarahumara（塔拉乌马拉）族人，他们可以在两天内长跑320千米，先把鹿或其他猎物跑得累死，然后再杀了吃。事实上，我们很多人经过一定时间的长跑训练，都是可以跑完马拉松全程的。而经过人类这么多年的筛选淘汰，最终被选为交通运输工具的马匹，综合来看，其跑步的耐力也不如人类。

那为什么人类的有氧能力如此好呢？除了双足行走、长腿、臀大肌、跟腱等因素外，还有一个很重要的因素，就是人类的体脂含量显著高于一般哺乳动物。而脂肪，恰恰是有氧运动的主要供能物。

我们常说："你比猪还肥""×××肥得像猪一样"。

但是，家猪被人类育肥、筛选了那么多代，体脂含量其实只有15%左右，还是在躺在猪圈一动不动地只增肥的情况下。而一般的人类，即便每日正常活动，有控制地节食，一般男性的体脂含量也有10%到20%，正常女性的体脂范围则是20%到30%——换句话说，我们其实比猪肥多了。

但高脂肪一定是坏事吗？

当然不是，因为正是这些脂肪让我们活了下来。

每个想变瘦、变美的减肥人士，都希望自己能拥有一种神奇的体质，即通过节食或运动消耗掉的脂肪能永远与自己告别，希望通过一段时间穷凶极恶的减肥变瘦后就再也不会变胖，更希望自己能拥有吃什么都不长肉的好基因。很不幸的是，那种基因是不可能在历史的长河中保留下来的，它们早在智人时期就被淘汰了。自然的生物进化法最终选择留下来的，都是我们这些能够高效地把食物转化为脂肪储存起来的"胖子"。

脂肪不是坏东西，正因为脂肪的存在，我们才存活了下来。

> 脂肪为有氧运动提供了能量，倘若没有足够的脂肪，你的体重根本降不下来，你甚至活不下来。

所以，支出脂肪实际上不会真的导致体脂降低。只要你还在正常地生存、吃喝，人体就会让你把脂肪好好补充回来，以备以后有需要时使用。

再回到原始人的话题，追猎物其实也是一种有氧运动，大多数时候追猎物就等于长途跑步。从这些实际的例子看，单纯的有氧运动，实际上不会过于影响体脂和体重。

现代的一些学术研究也证明了这一点。在一项由日本学者主持的关于快走与体重、体脂减轻的研究中[16]，研究对象多为体重正常或稍微超重的日本人。该研究发现，尽管步行组的步行速度、强度和运动总量与不动组或少动组有明显的差异，但快走这项有氧运动并没有引起实验对象的BMI改变，也就是说，体重的改变不大，没有减重。

另外一项针对500多人（非洲裔与白人）的实验，采用单车进行长时间的有氧耐力运动，结果发现，在其他生活条件不变的情况下，体重的降幅只有0.2公斤，可以说是微乎其微。[17]

单纯的热量支出后，身体会迫使你摄入、吸收更多的热量，偿还你这次有氧运动消耗的脂肪。

为什么会出现这种情况？

我之前提到过，人体是一个非常有经济头脑的管家。

在不改变身体基础素质的情况下，

不要怀疑身体的管理能力，我们的身体有非常多的手段可以调节这些体重和脂肪。

不要看长时间从事有氧项目的运动员瘦，就模仿他们的计划来减肥，这是有误区的。

第一，很多项目是因为运动员瘦，所以能出成绩，你才能关注到这些运动员，而不是因为做了这些项目才瘦。

第二，很多从事有氧运动的运动员，也需要控制饮食的。

第三，你的训练量比运动员差远了。量不同，质不同。我说长期来看，节食不减肥，你却非要拿那些压根儿没饭吃的人来举例的话，我也是没办法的。

综上所述，人体作为一个调节系统，不会因为你进行了有氧运动，消耗了脂肪，就整体下调你的体脂储备。想要高效减脂减重，你需要更多、更综合的健身内容。

⊙4. 常识破坏4：超重者应该多做有氧运动？
——但你也得跑得起来啊！

刚才说到，跑步之类的长时间有氧运动在减肥减脂方面性价比很低。现在我们就来谈谈，跑步之类的运动对超重者身体的伤害。

还是先讲一个故事，在19世纪的法国昂热市，一支威风凛凛的拿破仑军队在指挥官的口号下，迈着整齐的步伐经过一座大桥。突然，大桥轰然崩塌，许多军人和市民跌落水中丧生。

罪魁祸首的名字就是共振。在物理上，如果物体振动的频率相近、重叠，引起的共振就会让振动的幅度越来越大，力度越来越强，最后会伤害到物体自身。比如故事中的大桥，坚固无比，在共振的威力下也会坍塌。

这与我们的身体和运动有什么关系呢？

要知道，我们的身体也会产生振动，而且不同部位的振动频率是不同的。关键在于：脂肪、关节等部位的振动频率和跑步等运动的冲击频率是非常相近的。

这也就是说，跑步等运动会在脂肪和关节等部分引起共振，共振的效应最后会引起身体与关节的损伤。目前的研究发现，脂肪的体积越大，重量越重，共振的效果越强，对身体的伤害也就越强。[18]

那是不是意味着超重者就不能减肥了？

我并没有这么说。肥胖、超重的人在减脂初期可以先选择中等重量、超短间歇的循环力量训练方法进行肌肉的训练和减脂。

同时，肌肉本身是可以帮助脂肪协调振动频率的[19]，肌肉的增强也可以协助以后的减脂训练。

实际上，跑步是一种对关节磨损非常大的训练模式。

在跑步的时候，起跑对关节的冲击能达到自重的2~8倍。[20]如果膝关节在润滑不足的情况下互相摩擦，很容易导致软组织、关节等部位出现问题。即使是健康的跑步者，很多人在不重视力量训练的情况下，也很容易出现跑步者膝（髂胫束摩擦综合症）的症状。

你们想想，连体重正常或者消瘦的马拉松运动员都会因为跑步的冲击导致跑步者膝，如果是超重者，让他们的膝盖连续不停地承受2~8倍于自身体重的冲击，超重者受得了吗？即使一两下没问题，水滴石穿，每天几万步，每周几天，膝盖终究会受不了的。

有氧运动是很好的运动方式，对心肺功能、血压健康等都有积极影响。不过对于一般锻炼的人，慢跑之类的方式也许并不是大家最好的选择。

那么，如何让自己最快、最稳定地减脂塑形呢？

注解

[1] Egger, G., & Swinburn, B. (1997). An "ecological" approach to the obesity pandemic. BMJ, 315(7106), 477–480.

[2] Mrosovsky, N., & Powley, T. L. (1977). Set points for body weight and fat. Behavioral Biology,20, 205–223.

[3] Sumithran, P., Prendergast, L. A., Delbridge, E., Purcell, K., Shulkes, A., Kriketos, A., & Proietto, J. (2011). Long-term persistence of hormonal adaptations to weight loss. New England Journal of Medicine, 365(17), 1597–1604.

[4] 李娟, 唐东辉, &陈巍. (2013). 有氧运动结合抗阻训练对男性肥胖青少年心血管功能的改善及可能机制. 体育科学, 33(8), 37–42.

[5] Kojima, M., Hosoda, H., Date, Y., Nakazato, M., Matsuo, H., & Kangawa, K. (1999). Ghrelin is a growth-hormone-releasing acylated peptide from stomach. Nature, 402(6762), 656–660.

[6] Sakurai, T., Moriguchi, T., Furuya, K., Kajiwara, N., Nakamura, T., Yanagisawa, M., & Goto, K. (1999). Structure and function of human prepro-orexin gene. Journal of Biological Chemistry, 274(25), 17771–17776.

[7] Kojima, M., Hosoda, H., Date, Y., Nakazato, M., Matsuo, H., & Kangawa, K. (1999). Ghrelin is a growth-hormone-releasing acylated peptide from stomach. Nature, 402(6762), 656–660.

[8] Herman, C. P., & Mack, D. (1975). Restrained and unrestrained eating. Journal of Personality, 43(4), 647–660.

[9] Herman, C. P., & Polivy, J. (1975). Anxiety, restraint, and eating behavior. Journal of Abnormal Psychology, 84(6), 666.

[10] Patton, G. C., Johnson-Sabine, E., Wood, K., Mann, A. H., & Wakeling, A. (1990). Abnormal eating attitudes in London schoolgirls—a prospective epidemiological study: outcome at twelve month follow-up. Psychological Medicine, 20(02), 383–394.

[11] Racine, S. E., Culbert, K. M., Larson, C. L., & Klump, K. L. (2009). The possible influence of impulsivity and dietary restraint on associations between serotonin genes and binge eating. Journal of Psychiatric Research, 43(16), 1278–1286.

[12] Iwane, M., Arita, M., Tomimoto, S., Satani, O., Matsumoto, M., Miyashita, K., & Nishio, I. (2000). Walking 10,000 steps/day or more reduces blood pressure and sympathetic nerve activity in mild essential hypertension. Hypertension Research, 23(6), 573–580.

[13] Wilmore, J. H., Despré s, J. P., Stanforth, P. R., Mandel, S., Rice, T., Gagnon, J., Leon, A. S., Rao, D., Skinner, J. S., & Bouchard, C. (1999). Alterations in body weight and composition consequent to 20 wk of endurance training: the HERITAGE Family Study. The American Journal of Clinical Nutrition, 70(3), 346–352.

[14] 柏建清. (2009). 有氧运动对大鼠血清瘦素的时相性影响及与脂蛋白代谢的关系. 淮阴师范学院学报: 自然科学版, 8(4), 332–336.

[15] Knab, A. M., Shanely, R. A., Corbin, K. D., Jin, F., Sha, W., & Nieman, D. C. (2011). A 45-minute vigorous exercise bout increases metabolic rate for 14 hours. Med Sci Sports Exerc, 43(9), 1643–8.

[16] Iwane, M., Arita, M., Tomimoto, S., Satani, O., Matsumoto, M., Miyashita, K., & Nishio, I. (2000). Walking 10,000 steps/day or more reduces blood pressure and sympathetic nerve activity in mild essential hypertension. Hypertension Research, 23(6), 573–580.

[17] Wilmore, J. H., Despré s, J. P., Stanforth, P. R., Mandel, S., Rice, T., Gagnon, J., Leon, A. S., Rao, D., Skinner, J. S., & Bouchard, C. (1999). Alterations in body weight and composition consequent to 20 wk of endurance training: the HERITAGE Family Study. The American Journal of Clinical Nutrition, 70(3), 346–352.

[18] Boyer, K. A., & Nigg, B. M. (2007). Quantification of the input signal for soft tissue vibration during running. Journal of Biomechanics, 40(8), 1877–1880.

[19] Nigg, B. M., & Wakeling, J. M. (2001). Impact forces and muscle tuning: a new paradigm. Exercise and Sport Sciences Reviews, 29(1), 37–41.

[20] Boyer, K. A., & Nigg, B. M. (2004). Muscle activity in the leg is tuned in response to impact force characteristics. Journal of Biomechanics, 37(10), 1583–1588.

既然长时间的慢跑和快走并非最佳减脂运动，
那么，什么样的有氧运动值得追求高效塑形的同学选择呢？
这就不得不提到近几年无论是学术界还是媒体都在热炒的
HIIT运动了。

3

Chapter

什么样的有氧运动最减脂?

> HIIT就是一种高强度运动与低强度运动间歇交替的训练方式，只要运动中的强度是高低交替的，都可以视作广义上的HIIT。比如你快跑一会儿，慢跑一会儿，或者骑车冲刺与慢行交替，都是HIIT训练。

一、什么是HIIT?
——精明减肥者的选择

既然长时间的慢跑和快走并非最佳减脂运动，那么，什么样的有氧运动值得追求高效塑形的同学选择呢?

这就不得不提到近几年无论是学术界还是媒体都在热炒的HIIT运动了。

HIIT这个词，你可能在网络或者书上看到过。自从职业运动员在20世纪60年代发明这种训练方式以来，HIIT就一直是职业运动圈和运动理论界最热的话题之一。时至今日，HIIT已经成为世界上最受瞩目的减脂塑身运动理论。当前被大家讨论得火热的郑多燕、Insanity（疯狂健身）等热销操课也是根据这个理论设计的。

那么，到底什么是HIIT呢?

HIIT是"High-intensity Interval Training"的缩写，意为"高强度间歇训练"，一般是指进行多次短时间、高强度的运动训练，在每两次高强度运动之间以较低强度的运动或完全休息形成间歇期。

简单地说，HIIT就是一种高强度运动与低强度运动间歇交替的训练方式，只要运动中的强度是高低交替的，都可以视作广义上的HIIT。比如你快跑一会儿，慢跑一会儿，或者骑车冲刺与慢行交替，都是HIIT训练。

HIIT的特点在于：

短时间内运动强度较大，每次都要达到最大或至少接近最大的运动能力。但是，运动时间相对较短，并且可以通过间歇期间的低强度，来避免不适症状的出现。

所以，相对于长时间的有氧运动，比如一两个小时的慢跑，HIIT反而更容易让人接受并完成训练。

从最直观的字面意义上看，HIIT，即高强度间歇训练，就已经包含了两个重点：一个是高强度，一个是间歇。什么样的强度才算高强度呢？拿跑步举例，高强度是指你在百米冲刺比赛时，咬着牙，拼尽全身力气冲刺的强度，一般认为是采用全力冲刺或90%左右最大摄氧量的强度。而间歇，就是指在两次高强度运动之间用来喘口气的时间。

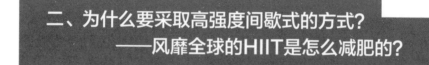

二、为什么要采取高强度间歇式的方式?
——风靡全球的HIIT是怎么减肥的?

一开始,HIIT训练只是用来训练职业运动员的方法。实验数据证实,间歇训练可以更好地提高运动耐力。然而,后来人们发现,HIIT不仅在消耗热量和脂肪方面表现突出,而且,一次HIIT训练可以让身体在很长时间内都处于燃脂状态!

⊙1. 变化的高强度——持久减脂,刺激生长激素分泌

研究人员发现,相对于强度一成不变的运动,穿插了高强度的变换强度运动(68%～92%最大摄氧量),虽然运动的总热量消耗并没有明显提高,但是运动后恢复期的静止摄氧量明显提高了。

这也就是说,变换的高强度训练可以让减脂和消耗热量的效果持续很久。有研究证明,高强度训练的减脂效果在72个小时后仍然很明显。[1]相对于普通的有氧训练,虽然HIIT在运动时产生的燃脂数目可能稍逊一筹,但是这种强大的燃脂效果会持续很久很久。总体来说,它会让你更瘦,身材更好!

另外,从激素角度来看,高强度运动也可以有效地刺激生长激素的分泌,而生长激素作为运动中非常重要的激素之一,对健身塑形起着非常直接的增加肌肉、减少脂肪的作用。

学界一般认为生长激素与乳酸阈高低有关系[2],如果运动强度一直比较低,相应的血乳酸水平也会比较低。而高强度运动是可以刺激乳酸分泌的,乳酸水平的提高,则可以刺激生长激素的分泌。

慢跑等长时间有氧运动，由于强度比较低，不会引起乳酸水平的提高，也就是说，不会让生长激素大量分泌。

简单来说，生长激素就是运动越激烈的时候，分泌得越多。所以，越高的训练强度，越能刺激生长激素的释放。

另外，高低强度交替，也能促进肾上腺素分泌提高。肾上腺素也可以提升脂肪的消耗与总热量支出。

总结上面两点可以得出，对比普通的有氧运动，比如强度较低的慢跑之类，

> 变换的高强度间歇训练不仅可以刺激增肌减脂的生长激素的分泌，而且可以让运动的减脂效果更持久。

⊙ 2. 间歇运动——强效减脂，促进脂肪代谢

HIIT的另一个要点，也是其重要的减脂原因，就是间歇性。

有研究者做过这样的实验：通过研究持续60分钟的无间歇骑车运动，和30×2分钟的有间歇骑车运动，对比无间歇与有间歇运动过程中的能量消耗比。研究者发现，相对于持续无间歇运动，有间歇的运动中，脂肪参与供能的比例更大，燃烧的脂肪也更多。[3]这与大家平日里所理解的（或者说网上谣传的）只有持续不间断的长时间有氧运动才能高效减脂的观点正相反。

实际上，在有间歇的训练中，肾上腺系统的反应相对于无间歇训练更大，分泌的肾上腺素等也更多。而肾上腺系统分泌的激素主要起着比较强

的刺激机体分解脂肪、让脂肪燃烧、为身体运动供能的作用。所以，间歇性的运动，反而能让机体更好地燃烧脂肪。

⊙3. HIIT——更好的有氧运动

在开始介绍HIIT的好处之前，我们先来想象，假如你要挑选一份工作：现在有A公司与B公司两家企业都希望你担任CEO，但是两家公司开出了不一样的薪酬条件：

A公司：愿意给你一年50万元的薪酬，全额到手，一年12个月的薪水。每天工作12个小时，要一直在岗，不过工作强度不大。

另外，每年因为给你发工资，导致公司亏损，你的月薪每年以5%的速度递减。

B公司：愿意给你一年60万元的薪酬，但是其中只有一半能到你手上，剩下的一半滚入公司的投资。当然，这还是你的钱。每天工作6个小时，虽然短时间内工作强度较大，但工作一段时间之后也可以休息。一年18个月的薪水，年底以6倍月薪的形式当年终奖发放。

而且，因为你的工资滚入了投资，你的月薪以5%的速度递减。

好了，现在你愿意去哪家公司？

从长远角度来看，即使能拿到全额薪资，应该也没有人会选择月薪递减、总体收益很低的工作吧？

为什么要举这个看起来答案理所当然的例子呢？

当我们把选择工作和选择运动方式联系起来时，你就能理解了。

如果把薪资理解为运动所消耗的能量，那么A公司的薪资运作模式就像长时间持续的有氧运动，而B公司则是HIIT。这样一对比，HIIT的好处自是一目了然：40分钟以上的有氧运动，短期内虽然看起来效果很好，但像是"一次性"的（50万元一次到手），而且因为有氧运动在减去脂肪的同时也减去了肌肉，肌肉日常也在消耗热量，这等于连年亏损；有氧运动至少要持续40分钟以上才能有效果，相当于每天工作12个小时。

HIIT则不同，不需要花去太多时间，脂肪转化成肌肉，肌肉持续性地燃烧热量……相当于将你的一半薪水拿出来入了公司的股，即便离开公司了，也可以随时分红。

在前一个章节我们就说过，长时间的有氧运动不是减肥的最好方法，但是因为无数网站、杂志和书籍都一再给我们传递一种观点——只有持续40分钟以上的有氧训练才能消耗脂肪，所以，我们在这里也要再强调一遍，这种观点是不正确的！

的确，传统观点认为，任何形式的运动都会增加脂肪的氧化，而长时间、中低强度的有氧运动脂肪供能比最大，所以，长时间有氧运动可以有效提高脂肪消耗，改善体内糖脂水平，提高有氧适能，最后达到较好的减肥效果。

从某种角度看，这种观点说得没错。大多数的实验结果也都证明，运动持续得越久，脂肪作为燃料的比例也就越高。

但事实上，我们不该只关注运动过程中的能量消耗，减肥更应该关注身体总能量的收支平衡。也就是说，不光要看"本次运动中"消耗了多少脂肪和热量，更应该看这次运动"总共"引起了多少热量和脂肪的消耗。

从长远的角度看，运动中和运动后总能量的消耗，比运动中主要能源物质的消耗更为重要。就这一点而言，也有大量研究发现，单纯的长时间有氧运动虽然可以提升一些健康指标，比如血压什么的，但是在长时间的范畴内，有氧运动无益于体重的减少。[4]例如，一项采用自行车做中高强度、长时间有氧耐力运动的实验[5]就发现，对于体重来说，运动干预没有明显导致体重降低的效果（平均只有0.2公斤）。另一项日本的实验也表明，长时间的步行运动，没有明显改变人们的体重。

为什么长时间、大运动量的有氧运动没有明显降低我们的体重？我猜这与我们之前提到的体重的设定点理论有关系。

很多研究都发现，长时间有氧运动对体内内分泌起到的作用类似于节食，因此，长时间有氧运动会使体内的瘦素减少。[6]

甚至有实验指出，长时间有氧耐力运动会降低血液内瘦素的含量，效果可维持数天之久。而瘦素主要是通过参与糖、脂肪及能量代谢的调节，促使机体减少摄食，增加能量释放，抑制脂肪细胞的合成，进而使体重减轻。有数据表明，瘦素水平每增加一个百分点，平均体重就会下降0.37公斤。

也就是说，长时间有氧运动对激素的调节，导致体内瘦素的减少，实际上是促使身体往胖了长……

除了上述科学实验得出的结论，就日常生活中比较常见的时间问题和效率问题，我个人也不建议大家将长时间有氧运动作为减脂塑形的主要方法。

首先，我们一天24个小时，假设睡眠时间为8个小时，早出晚归的上班时间至少8个小时，扣除午饭、晚饭的时间，可能只剩不到6个小时，如果你生活在北上广这样的大城市，通勤时间再来上一两个小时……你能够支配的时间也就剩下四五个小时了。

这四五个小时里，你要出去社交，要逛街，要去看个热门电影，再排除加班、学习、发呆的可能性……最后你能留给健身的时间还剩下多少？

我认识不少人都办过健身房的会员卡，一年却最多去过三四次。问起原因，除了懒，最多的理由就是"忙"。从公司到健身房要10分钟，换个衣服要10分钟（女孩子还要更多一点儿），中途堵个车或者遇到个熟人什么的，半个小时就没了，哪里还有时间做40分钟以上的有氧运动？

即使你每天都坚持到健身房运动一小时，你真的能确保在这一小时的时间内一直保持足够高效的运动效率吗？

实际上，即使你辛辛苦苦地在跑步机上跑了一小时，你所消耗的热量也远没有自己想象中那么多。一般人持续进行一小时有氧慢跑，差不多以每小时7到8千米的速度，所消耗的热量最多不过400千卡，而一瓶可乐就含有高于200千卡的热量。也就是说，如果你跑完步后觉得口渴，一不小心喝上两瓶可乐，从热量角度来说，你刚才咬牙坚持的一小时也就白跑了。

不仅如此，长时间有氧运动在消耗脂肪的同时也在消耗肌肉，而肌肉作为人体的热量消耗大户，直接影响人体的新陈代谢效率，所以，消耗肌肉也就意味着你的新陈代谢随之降低。新陈代谢降低会有什么影响呢？

举个简单的例子，假设你在减肥前，每天三碗米饭，体重不增不减，就是说你的新陈代谢能很好地利用完这三碗米饭。现在你通过长时间有氧运动把自己的代谢能力降低了，你还是选择吃三碗米饭，但你的身体只能消耗两碗多了，那剩下的小半碗怎么办呢？身体自然会选择将其转化为脂肪存起来。所以，如果你通过长时间有氧运动的方式来减重减肥，即使你每天累得半死，如果不相应地控制并减少日常生活中的热量摄入，你体内的脂肪还是会越囤越多。

那么HIIT呢？

虽然不同的运动内容消耗的热量有所不同，但一般保守估计，持续一小时的高强度间歇运动，至少能消耗1000千卡热量（当然，这世界上估计没人能做到一小时），那么平均下来，一次20分钟的HIIT，所消耗的热量就有330千卡左右，其效果远比相同时间的慢速有氧运动高得多。

大量的研究认为，有间歇的运动对减脂的效果更好。[7]一项实验研究了中等运动强度（55%VO$_2$max）下持续跑和间歇跑的差异。[8]

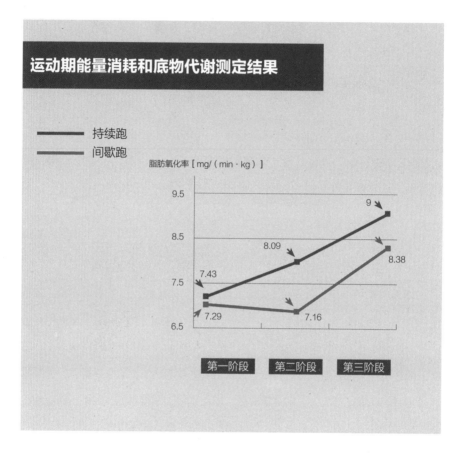

在这个实验中，实验对象第一次是连续跑一小时，一秒不停（你们有多少人能做到？），第二次是进行3个20分钟的间歇跑，每次间歇休息10分钟，强度都是55%VO$_2$max不变。

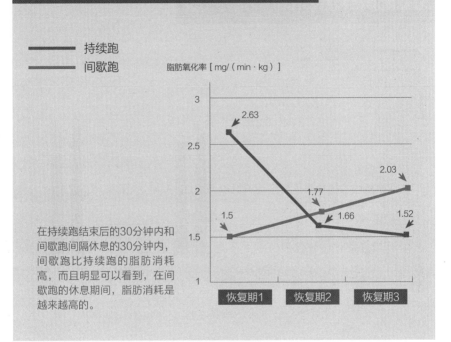

恢复期能量消耗和底物代谢测定结果

—— 持续跑
—— 间歇跑

脂肪氧化率 [mg/（min·kg）]

在持续跑结束后的30分钟内和间歇跑间隔休息的30分钟内，间歇跑比持续跑的脂肪消耗高，而且明显可以看到，在间歇跑的休息期间，脂肪消耗是越来越高的。

2.63
2.03
1.77
1.66
1.52
1.5

恢复期1　恢复期2　恢复期3

通过图表我们可以看出，持续跑一小时确实会让脂肪消耗比例提高，不过，有悖常识的是，休息10分钟能让脂肪消耗比例提升得更高！

另外，本实验没有间歇跑完成后休息时的脂肪消耗数据，但有其他实验证明，间歇运动完成后休息期间消耗的脂肪，比持续运动休息期间消耗的脂肪要高得多。[9]

最后，计算实验期间消耗的脂肪总量，间歇跑反而比持续跑高大约30mg/（min·kg）。很明显，间歇跑不仅没有影响运动的脂肪消耗，反而比一口气不歇的持续跑多消耗了脂肪！

**持续跑和间歇跑运动期和恢复期
总能量消耗和底物代谢**

■ 间歇跑
■ 持续跑

脂肪氧化率 [mg/（min · kg）]

计算实验期间消耗的全部脂肪，间歇跑比持续跑高了将近30mg/（min · kg）! 很明显，有休息的间歇跑，不仅没有影响运动的脂肪消耗，反而还比一口气不歇的持续跑多消耗了脂肪!

跑步期间　490　457
休息期间　53　58
总计　543　515

从图中可以看到，整体来讲，间歇跑的脂肪消耗比持续跑高得多。

至于原因，我们得先从燃烧脂肪这四个字说起。

我们初、高中的时候，上生物课都学过，脂肪只有在有氧状态下才能燃烧。当你进行高强度的锻炼时，氧分供应不及肌肉消耗，身体会处于无氧运动状态，你只能通过消耗身体中的糖原来运动。而只有在强度处于中水平的有氧运动中，脂肪才能一起参与到运动消耗中去。

既然如此，为什么近几年号称减脂效果最好的几种运动，包括健身器械训练，或者Insanity这种HIIT操课，都是高强度运动呢?

这时候就要隆重介绍一个概念了：EPOC（运动后超量氧耗）!

简单地说，EPOC就是高强度运动后，身体仍然持续的超强的燃脂状态。

那么，EPOC是怎么产生的呢？

比如，健身房中，你正在做一个100公斤的深蹲。为了把杠铃举起来，你必须使用爆发力，而身体在这种状态下处于无氧运动状态，也就是我们上面提过的脂肪不能参与供能系统的状态，此时，你只能利用身体里的糖原实现供能。

但问题是，身体是不喜欢你用它的糖进行运动的。身体总想着："糖这玩意儿这么好用，我还想储备着，以防不时之需呢！"你只能苦苦哀求："求你了，我都快被100公斤的杠铃压死了，你借我点儿糖，让我把这杠铃举起来，以后我多还你点儿！"

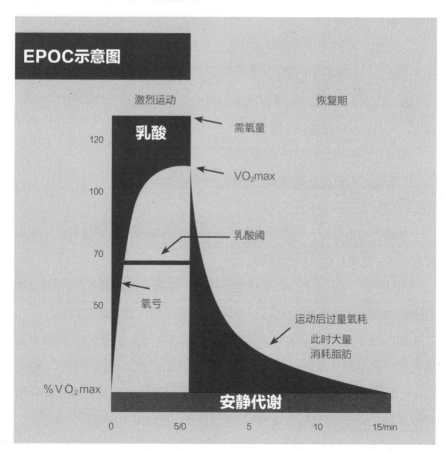

于是，身体一想，说："也行！运动中欠的这些，你就慢慢拿脂肪还给我吧！"

从理论上讲，人体在运动中欠的部分叫作"氧亏"，即单靠有氧运动不能满足供能的部分。在这一部分，你欠下了债，而运动之后，你要把这些糖和氧，以消耗脂肪的形式，还给身体，这就是EPOC，运动后过量氧耗。

这也就是为什么高强度运动不进行有氧呼吸，不能消耗脂肪，仍然减脂能力超群的原因！研究发现，EPOC可达到运动耗氧总量的90%，而且，这些供能全部来自脂肪的氧化。[10]

可以说，EPOC的发现，给了运动者一个新的启示：从这一刻开始，增肌和减脂并行不悖了。

一方面，我们可以通过力量训练，比如深蹲、卧推、高位下拉，达到提升体能、完美塑形的目的。

另一方面，通过这种抗阻训练后的EPOC，明显提高人体的能耗和脂肪燃烧，让人们一边增肌，一边减脂。

那么，什么因素可以增加EPOC呢？

答案是：关键在于高强度、短间歇、多间歇。

没错！又绕回来了！

就像我之前说的，组间休息，不但不会削弱运动减肥的效果，反而会增加燃脂，这就是因为EPOC的存在。

研究发现，有间歇的运动比无间歇的运动，更能有效增加EPOC。也就是能有效增加运动后的脂肪燃烧，而且，组间休息越短，EPOC增加的程度越高。[11]

在一项实验中，研究者将两组受试者随机分为20周无间歇耐力运动组和15周间歇运动组，研究人员测试了两组受试者血液中FFA（Free Fatty Acd，游离脂肪酸）的浓度，并对比了两组受试人员的能量消耗和脂肪消耗。研究结果显示，间歇训练组和持续运动组有明显的FFA差异。

而且，在耗能对比方面，虽然在实验中，间歇训练的能量消耗不足耐力训练消耗的一半，但是间歇运动组的皮下脂肪下降程度远超持续训练组。也就是说，间歇运动组的减脂效果更明显。[12]

另一方面，高强度训练也是EPOC增加的关键[13]，而抗阻训练和HIIT训练都具备高强度的特点，所以它们都可以明显增加EPOC与脂肪消耗，同时又达到增肌减脂的目的。

现在你明白，为什么力量训练、HIIT和间歇跑比持续慢跑更减肥了吧？

除了上述几点，相对于长时间有氧运动，HIIT所消耗的肌肉也更少，甚至在某种程度上，高强度运动还起到了无氧运动的作用：不仅可以快速燃烧脂肪，还可以增加肌肉。而增加肌肉就增加了基础代谢，这也就意味着，以前你吃三碗米饭，身体能正常代谢，现在你的肌肉多了，身体拥有了能代谢四碗饭的能力，要是你还是保持吃三碗饭，那你的脂肪自然会一天天减少。

综上所述，HIIT才是普通人减肥塑身的最好选择。

由于HIIT在某种程度上是无氧肌肉训练和有氧训练的结合，不仅有助于减去总脂肪量、体脂百分比、腹部脂肪[14]，而且提升了安静时脂肪的氧化率以及总体的新陈代谢[15]。

这也就是说，做完HIIT，即使是你坐在那儿看电视、吃东西，你也在消耗着热量与脂肪[16]，这可以理解为从根本上改变了体质，把体重的设定点往下调整。

除此以外，近年来越来越多的学者所做的高强度间歇训练对人类健康影响的研究也表明，高强度间歇运动使受试者获得的愉快感要强于中等强度的持续性运动。

这也就是说，高强度间歇运动的运动方式不仅更减脂更高效，相对于传统的长时间有氧运动，还更容易让人产生愉悦感，也就更容易坚持，从而提高了运动塑形的成功率！

三、HIIT训练的重点
——怎么做HIIT效果才最好？

上面我们说过了，HIIT运动实际上就是间歇性地提高与降低运动强度，所以，只要满足"间歇性"和"高强度"两个条件，某种程度上自己就可以排列组合了。你只需要确保是大肌群训练（臀、腿主要发力）、高低强度交替，那么持续15到20分钟，就能够达到HIIT健身的目的。

最简单的，比如可以快慢交替跑，全力冲刺跑一分钟，慢跑一分钟……轮番做5到10分钟，就已经是一个HIIT了。

又或者快速跳绳一分钟，然后慢速一分钟，诸如此类。

我这么说你可能非常怀疑：HIIT真有这么简单？如果真这么简单的话，为什么还会有这么多视频和文章在研究HIIT？

事实上，我建议你们自主设计HIIT计划是有原因的。自从HIIT这个概念走红以来，很多人本是连走路10分钟都觉得辛苦，可一听说HIIT可以一个月瘦×斤，就毫不犹豫地在家里蹦蹦跳跳起来，紧接着不出3分钟，满头大汗、气喘吁吁，胸腔几乎要炸裂，实在跳不动了，就跟自己说休息一下再来……然后就再也没有然后了……

自从电视和电脑被发明出来，人类的体能一直在下降，久坐不动的人连爬个楼梯都喘，就更不用说我特意指出的"高强度"运动了。欧美至少还有健身文化在，同样是坐在电脑前办公，他们的情况的确会比我们好一些。再说，他们生活的环境配套设施也更充足一些：骑车、滑板、高尔夫、网球……这些都对提高体能有一定的帮助。相比之下，我们的基础略弱一些，所以，我不建议你们一开始就跳运动量这么大的操。如果你对照着任何视频都无法坚持10分钟的话，那么你最好还是截取其中的一部分去做，先让身体习惯动起来，再逐步加强。

健身最怕的是打消念头，无论是因为懒惰还是因为挫败，一次的气馁就会让你之前所有的努力都付之东流。我知道这是一个快节奏的时代，但有些事情，请你慢一点儿，不要着急。只要你能稳住心态，正确且坚持锻炼，好身材迟早会有的。

所以，你更要控制好健身的节奏，从入门到一点一点地进步，不要给自己设置太多的阻力，或者太多虚幻的梦想。开始的时候慢一点儿，基础打好之后，你的进步就会变得很快了。

至于高低强度交替的规律，我建议变化间隔要短，不要5分钟高强度、5分钟低强度，因为高强度时间太长，无法保证强度忠实完成，最后还是成为中等或低强度的训练。而变化的间隔越短，对于脂肪的供能比提升越多。[17]据猜测，这可能与身体的预适应有关。

科学的强度判断是心率或摄氧量，最好能达到最大心率或摄氧量的80%以上，有条件的人可以买个心率表自己测，没有的话，其实依据自己的感觉就可以大致判断：快的时候感觉尽了全力，呼哧带喘；慢的时候也不要骤然停下，而是逐渐地减缓速度，直到停下来为止。

四、简易HIIT训练计划

以下有两个HIIT简易训练计划，一个为了减脂，一个则是为了塑形。如果你是第一次做HIIT，建议先使用80%的体力体验一下，做个开头即可。在这种情况下如果你觉得很容易，那太好办了，直接按照全套来；反过来，如果你觉得做一个小节都很吃力，那么就交替着来，每组动作只做三分之一，等身体适应了再逐渐增加强度。

另外记住，在做这些运动之前，你最好对自己的身体有足够的了解，知道自己的身体状况，确保能够做剧烈运动。如在动作过程中出现病理上的不适，诸如心跳过快或脑袋发晕等，请立即停住！及时就医。

⊙1. 体重向下、楼层向上的高效减脂运动——爬楼梯

爬楼梯是我个人非常喜欢的一项运动，虽然很多人并不把它当很正规的运动来看。

它有许多其他运动没有的优点，非常有弹性，易操作。

比如说，不是人人推开窗都能看到一个操场的，但大部分人居住或工作的地方，都是有楼梯的。你如果想去游泳或者打羽毛球，必然需要一个泳池或一副羽毛球拍；但爬楼梯，你只需要一身适合运动的装束，再来一双轻便的运动鞋即可。

比如说，方便。无论是去健身房，还是去做其他运动，你总是要准备一下从家里出发的；但爬楼梯，如果你住在楼房式小区的话，换上鞋子就可以出发了，完全在家门口进行。

如果你住在北上广之类的地方，每年总会有那么一些空气非常差的

时候，这个时候室内的空气好过户外，楼道算半个室内，所以也会比室外好。又或者你住在长江以北，冬季在户外做运动是一件非常折磨人的事情，而楼梯至少可以挡挡风。

最重要的是，爬楼梯的燃脂效果比大部分人的预期要好，因为在爬楼梯的过程中，运动到的股四头肌和臀大肌都是大肌群，就像我之前说的，大肌群燃脂能力极高，对身材的塑造效果也最好。

最后，爬楼梯的翘臀效果格外好，掌握了爬楼梯的技巧之后，你可以很轻易地训练到臀部，无时无刻不在健身。

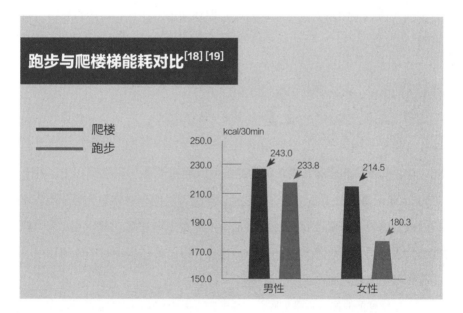

我们先来讲讲爬楼梯的热量消耗吧。

爬楼梯消耗的热量是非常可观的！即使是匀速正常上楼，其消耗的热量也可以达到静息消耗的9.6倍。[20]以65公斤的男性和55公斤的女性为例，男性半小时的匀速中等步频爬楼可以消耗243千卡，7.5km/h的跑步则是233.8千卡；女性则分别是爬楼214.5千卡，慢跑180.3千卡。

65公斤的男性，半小时消耗243千卡，一小时消耗486千卡。55公斤的女性，半小时消耗214.5千卡，一小时429千卡。如果你体重更重的话，消耗热量也会更多。

由于爬楼梯在运动方式上，实际非常接近短间歇的无氧训练，所以每次爬楼，还可以带来48到72个小时的持续燃脂，这就非常可观了。如果结合HIIT方法来训练，燃脂效果更加可观。

但可能有人一听到爬楼梯就忍不住皱眉头了，因为几乎所有人都在说，爬楼梯是一个非常伤膝盖的运动。

这句话从某个角度来看是没错的，但你知道为什么爬楼梯容易伤害膝盖吗？

简单来说，因为膝盖之类的关节都比较脆弱，一个脆弱的结构要承受整个人的体重，当然容易受伤。

但实际上，真正伤害到膝盖的并非"爬楼梯"，而是"下楼梯"。如果你掌握了正确的动作，爬楼梯对膝盖的伤害微乎其微，尤其是跟跑步相比。你要知道，跑步时每次单脚的冲击可以达到人体体重的9倍以上，这个9倍其实是最基础的力学概念，它包括以下因素：跑步时你总会有单脚着地的时候，这时一只脚支撑全身的重量，不像直立时是两只脚分摊，重力自然会加大；再加上你跑步时的重力加速度，以及人体运动时产生的功……伤害到膝盖简直太简单了。

但爬楼梯的时候，你是克服重力往上走，你所产生的功都是与地心引力相反的。而且，在姿势正确、一次上两个台阶的情况下，是使用臀大肌发力，重心更靠后，不会直接对膝盖产生冲击，也不会让膝关节过多摩擦，更不会产生剪切力。所以，爬楼梯对膝关节、髌骨以及韧带的伤害都是非常有限的。

所以，我们建议你做这个HIIT的时候，只上楼梯不下楼梯。现代住宅及办公楼一般都配有电梯，我们推荐的是爬楼梯上去，再乘坐电梯下来。

如果没有电梯，那么下楼梯的时候慢一些，膝盖弯曲多一点儿，以减小冲击力的危害，也是可行的。

不过以上仅限于健康人士，如果你之前膝盖受过伤，建议还是谨遵医嘱，以防万一。

那么爬楼梯的正确姿势是什么呢？请看下图：

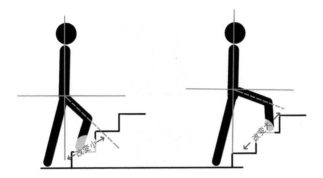

先说翘臀问题。爬楼梯时，一次上两个台阶，臀部更容易翘起来。

训练臀部，最重要的是改变大腿和上半身之间的髋角，髋角改变越大，对臀部的刺激越大。一次上两个台阶的时候，髋角比一次上一个台阶时更大，训练效果当然也更好啦！

但要注意，无论是上两个台阶还是上一个台阶，背部都要挺直，不可以弯曲。提脚的时候，膝盖不能超过脚尖，同时在心中默念：用臀部发力，用臀部发力，用臀部发力……请不要怀疑这一点哟，要知道，健身过程中，在心里默念发力的位置非常有助于提升健身效果。在健身这个领域，我们管这种行为叫作念动合一，并不是什么玄学，而是许多人证明过的小窍门之一。

1.如同上图，在膝关节或踝关节处使用弹力带或弹力圈，半蹲下来。
2.左右侧向行走。
3.左右各10步为一组，做2~3组就可以。

如果你找不到臀部发力的感觉，那么就先做一组臀部激活动作吧。该动作叫作半蹲侧向行走，动作非常简单，只需要一条弹力带。（弹力带很便宜，淘宝上十几到几十元，环形弹力带、瑜伽弹力带等都可以用。）

爬楼梯的HIIT具体怎么操作呢？还记得我之前说过的吗？高强度、间歇。我们现在把高强度定为"一次性上两个台阶，以快速冲刺的速度向上爬"，在此基础上再增加两个强度，一个是"以较快的速度向上爬"，另一个是"以一般的速度向上爬"。

这三种速度，最快的速度更侧重臀部的塑形，一般速度侧重心肺功能的培养，而很慢的爬楼梯速度则相当于HIIT中的间歇休息，有助于身体承受之后快速爬楼梯带来的压力。因此这三种速度结合不仅对翘臀的训练效果很好，对体能增加也有不小的成效。

按照这三种速度交替着往上爬，比如一层楼速度很快，第二层楼速度中等，第三层速度相对较慢。之后也可以一楼快速、一楼较慢、一楼速度中等，继而再一楼速度很慢或速度很快之类。

以此类推，只要两种速度不重复就行。

一般而言，如果你家住15～20层，你爬3～6次就OK了。其他楼层可以自己换算，比如住10楼爬10次，住5楼爬20次。

一周3次，每次半个小时。要不了多久，你就会发现：咦？身体好像好了很多嘛！

⊙2. HIIT针对室内的懒人操

第二组HIIT训练计划是针对室内的懒人操。

之所以叫懒人操，纯粹是因为动作易懂、方便好记而已，实际跳起来一点儿都不轻松哟！

第一套※翘臀大法：侧弓步＋沙发深蹲跳＋臀桥

1. 侧弓步

①自然站直，但要注意挺胸、抬头、收腹。
②左脚横向跨出大概一步的位置，之后迅速回到起始位置。
③换另一只脚，继续。

　　这个动作其实是一个激活动作，有HIIT经验的读者可能早已在一些视频中见到过，它能很快地让身体适应"动"的节奏，简单、易上手。一般不出几秒，你就会发现整个身体都是热的，连筋骨都会跟着舒展开来。

　　这个动作持续一分钟，之后休息10秒。一开始不用追求速度，如果你在做该动作的过程中感觉不适，可以慢一些，然后循序渐进地加快。

　　2. 沙发深蹲跳

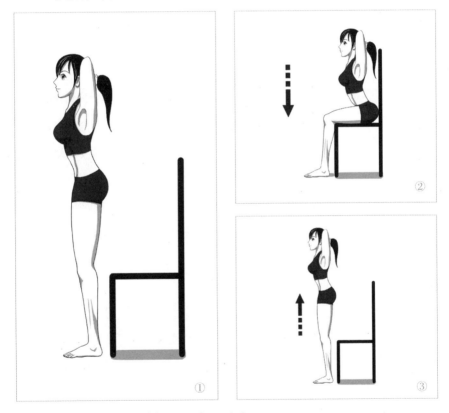

①从站立姿势慢慢坐在沙发上，双手置于脑后。
②背部挺直微反弓（重要），把臀部往沙发深处挪移！就是往深处坐，坐得非常靠里。
③臀部发力至后脚跟！用爆发力让自己跳起来！落地时要柔和，用肌肉做缓冲。

　　持续一分钟，休息10秒。

　　沙发深蹲是我推荐初学者的深蹲秘籍，由专业力量举几十年来的最大

发现——箱式深蹲变形而来。若说沙发深蹲的优点呢，

首先是安全。

由于沙发深蹲的起坐都是在软软的沙发上，几乎不会让身体受伤或劳损。

其次是无痛。

很多人在初次接触深蹲时，兴致勃勃地做了几十个，不料第二天大腿尤其是大腿后部酸痛难忍，就没有坚持下去，放弃了深蹲……沙发深蹲由于在离心阶段有沙发承接，所以少了很多离心阶段对肌肉的拉力，减少疼痛，让你可以坚持训练。

最后，沙发深蹲可以

矫正你的深蹲姿势。

为什么要往沙发深处坐一下？这就是让你调整自己的重心，使其更靠后，让臀大肌处于更能发力的状态。在沙发上，你可以不依靠股二头肌的力量就能轻松地调节身体平衡，让自己做出一个标准的深蹲！

没沙发，板凳、椅子什么的也行，只要不高过膝关节就行了。

如果你这样做了还是没有找到感觉，那么可

以往后翻几页，找到有关臀部的抗阻训练内容，详细了解一下深蹲。

这个动作跟侧弓步一样，持续一分钟，不用追求速度，之后休息10秒。

3. 臀桥

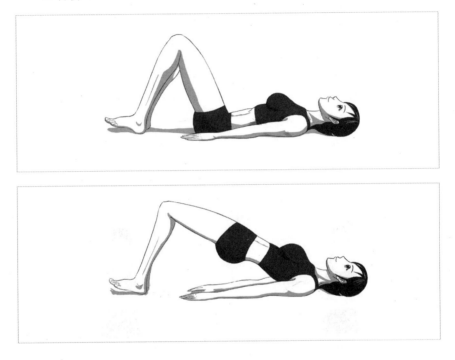

①仰卧平躺，双腿屈膝，脚掌着地，双臂向两侧分开平放。
②保持腹肌处于紧张状态，收缩臀大肌，并向上挺起臀部，直到膝盖、臀部、
肩在一条直线上，稍停片刻，感受臀大肌的顶峰收缩。
③保持臀部紧张状态，缓慢还原。

持续一分钟，休息30秒。

臀桥也是一个非常好的针对臀部的训练动作，徒手、自重，不存在
超负荷的可能性，除了髋关节之外，也没有其他的关节活动。所以，除了
臀部之外，几乎不会造成其他的困扰，比如很多人一直担心的：翘臀的同

时，大腿变粗怎么办？

照例还是一分钟。

这个动作加上前面两个动作为一组，每次做4组，加上休息的时间也不过15分钟，却能让你很快地燃脂并翘臀。每周3次，夏天的时候你再穿连衣裙，即便是平底鞋，也会有高跟鞋的效果了。

第二套※超速减脂大法：跳跃拍手＋直膝前踢＋俯卧登山

1.跳跃拍手

①
②

①脚自然并拢站立，双手垂在大腿两侧，准备。
②跳起的时候同时打开双手双脚，双脚宽距着地的同时双手拍掌；跳下一次的时候恢复起始动作。

　　同上一套动作一样，第一个动作都是为了激活身体。跳跃拍手的运动强度比侧弓步更大一些，下肢大肌群的参与也会更多一些。在一般情况下，跳跃总会比站在原地不动的动作更燃脂，也更辛苦，原因在于你要克服地心引力，需要更多的肌群参与。但同时，效果也是显著的。

　　这个动作持续做一分钟，接着休息10秒。

　　2.直膝前踢

　　同样还是肌群参与较多的动作——你有没有发现这一套操到目前为止的两个动作都是需要全身参与的动作？发现了这一点就对啦！肌群参与得越多，燃脂效果就越好。HIIT的一个不成文的特点就是让身体尽可能多地活动起来。当所有的肌群都动起来的时候，你有没有感觉到热量像火灾现场一样被燃烧着？

　　要的就是这个效果。

　　依旧是持续一分钟，休息10秒。

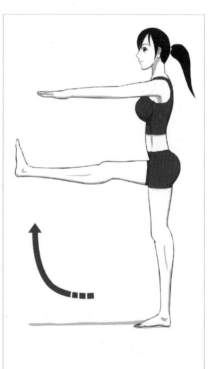

①自然站直做准备。
②一只脚直直向前踢的同时，伸出反方向的手去碰脚尖，比如左手碰右脚，或右手碰左脚。
③轮流替换。

3.俯卧登山

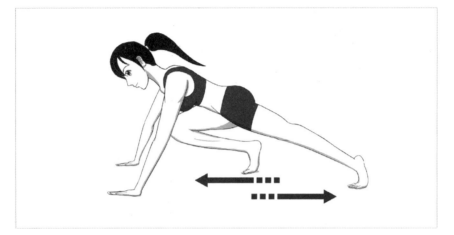

①双手撑在地面上，肘部不用完全伸直，能撑住身体就好，收紧腹部，背部呈一条直线。
②一只脚前驱，尽可能地往前伸，之后换另一只脚。

持续一分钟，休息10秒。

显然，这个动作比上述几个都略难一些，撑在地面上的时候，绷紧腹部，这就动用到了你的核心肌群，也就是腰腹部所有大大小小的肌肉。一般你的核心肌群不够强大的时候，做出"撑"这个动作，就需要借助你背部、臂部甚至胸部的肌肉一起参与进来。所以，看似只有下肢在动的一个动作，实际上用到了身体中几乎所有的肌肉。而且，下肢又是耗能大户，所以要不了多久，你就会累得发软——没关系，请坚持一下，在一开始这些都是正常的。想象一下拥有理想身材的你，为了那一刻，请咬牙撑下去。只要那样，你才会离完美的你更近一些。

这个动作加上面两个动作为一组，照例，每个动作一分钟，休息10秒，每次4组，每周3次。要不了几周，你就会发现你的身体好像发生了一些细微的变化，而再做几周，你整个人就不太一样了。

第三套※胸大腰细大法：俯卧撑＋俯卧撑跳＋平板支撑

1. 俯卧撑

①双手撑在地面上，比肩略宽，腰腹收紧，身体呈直线。
②屈肘，整个身体前倾下压，直至手背距离胸部3～5厘米停住。
③回到起始位置，继续。

看到这里你肯定会说：怎么俯卧撑这种动作也可以拿来做HIIT啦？你该不会是在骗我吧？

还记得我们之前说过的HIIT的特点吗？我们再来回顾一遍：高强度、间隙。俯卧撑看起来是一个很简单的动作，但连续做一分钟之后，你会发现很多看起来简单的动作都比想象中吃力。一开始，我们并不需要学习太过花哨和华丽的动作，事实上那些最简单的，也足够你翻来覆去地去拓展了。而所有的动作累积到一定程度，强度远比你想象中高。

如果做不了俯卧撑，那么可以跪在地上做跪式俯卧撑。除了"跪"这个区别之外，其他的动作要领与标准俯卧撑几乎毫无区别。如果看了这段描述，你暂时还不太明白的话，那么请往后看，我们将会有一个章节详细讲解俯卧撑。

2. 俯卧撑跳

一分钟的俯卧撑是不是远比你想象中更累啊？别忙着休息，我们要增加强度了。在俯卧撑的基础上，再增加跳跃这个动作，有没有觉得整个人都累垮了？

很好，请保持下去，一分钟就好。

①参见俯卧撑动作描述。
②做完一个俯卧撑后迅速跳起，再回到起始位置继续。

3.平板支撑

平板支撑

①用小臂撑在地面上，身体呈一条直线，浑身的肌肉都尽可能地绷紧，持续时间最好为一分钟左右，如果不能坚持那么久，那么就尽可能地坚持。

我想你们都听说过大名鼎鼎的平板支撑了。作为近几年最红的动作之一，连许多名人都忍不住比赛看谁坚持得更久。如果你已经有了平板支撑的基础，或许会觉得一分钟并没有那么难，但如果你是新人，觉得坚持不下去的时候，扭扭屁股或者移动一下胳膊好了。虽然几乎所有人都说静力训练的关键是"静止不动"，但对此，我有着不同的看法。根据我的经验，实际上你在做静力训练时，添加一些微小的调整，虽然偏离了原本要训练到的肌肉，反而会募集到一些预期之外的肌肉参与进来。

也就是说，虽然晃一下身子可能会让你少练到一些腹肌，但根据动作的不同，可能会训练到你的竖脊肌或者臀中肌。如果我们健身的目的是锻炼到我们浑身的肌肉的话，何乐而不为呢？

所以，不要在意短暂的晃悠或者撑不住时候的身体动作，要知道这些小动作不仅是无害的，甚至是有益的。

一分钟之后，这一组的动作就结束了！还是3个动作为一组，只是这一组的区别是：到第二次的时候，将俯卧撑替换成上斜俯卧撑，这样可以刺激到你胸肌的上半部分。而到第三次的时候，换成下斜俯卧撑，修饰胸部下面的弧线，让胸部全面而均匀地发展。

上斜俯卧撑

下斜俯卧撑

上斜、下斜的动作也很简单，找一个20～40厘米高度的器材，上斜时双手垫在上面，下斜时则是双脚放在上面。一开始可能有些难，实在不会，用跪式俯卧撑就好了。

除了俯卧撑之外，其他的动作不变，第一个动作是俯卧撑、上斜俯卧撑、下斜俯卧撑；第二个动作在原有动作的基础上增加跳跃；最后以平板支撑压轴。一次4组，每周3次。

第四套※美好身姿大法：十字挺身＋俯卧撑跳＋平板支撑

1. 十字挺身

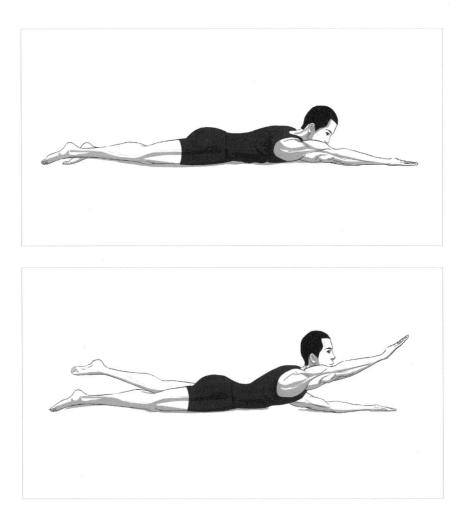

①俯卧趴在地上，两手向前伸直。
②左腿和右臂同时向上抬起，直到感觉下背部收缩拉紧（别太勉强）。
③保持上面的姿势不动，数1、2、3，静待3秒。
④放下左腿和右臂，换右腿和左臂做相同的姿势，静待3秒。

这个动作侧重腰椎的保护，如果你常年伏案工作，那么腰椎一定不太好，而十字挺身能纠正你的腰椎，让你无论是站立还是静坐的时候都能保持一个更健康的姿势。

看起来很简单，实际上也的确是很简单的小动作，学会了它之后，你可以常常做，对塑形以及仪态的纠正都非常有好处。

照例，一分钟，之后休息10秒。

2. 俯卧撑跳＋平板支撑

这两个动作之前已经讲过细节了，相信看到这里时，你心里也有一些更清晰的印象了。现在你会不会对自己编排HIIT有一些模糊的感受了？一些基础的动作来回交替，注意强度的把握和休息时间，这就是最简单的HIIT了。

当你了解并参透了这些之后，我相信你已经不需要再看任何健身视频了，等脑海里有了十几个动作相互替换，甚至可以随时随地HIIT起来。

而这个就是我想告诉你们的，健身，真的没有你们想象中那么高深莫测，你只需要在开始的时候多花一点儿时间，之后，你就可以享受它了。

第五套※全面与细节：直膝前踢 + 哑铃深蹲推举 + 卷腹

1. 直膝前踢

2. 哑铃深蹲推举

①手持小重量哑铃，双脚打开与肩同宽。
②完成一个深蹲。
③站起来之后，双手高举哑铃，停顿一秒，回到起始动作。

3.卷腹

①平躺在地板或瑜伽垫上，自然弯曲双腿，双手放在脑袋后面。注意只是放在那里，并不用力。
②发动腹肌的力量使身体蜷曲，要感受到腹部的发力，让腰部皮肤形成褶皱，坚持一秒，回到起始位置。

这又是一组新旧动作交替的懒人操，只是这一次的侧重点又不太一样了。直膝前踢是塑造更好的大腿线条，哑铃深蹲推举同时照顾到臀部和肩部，卷腹则着重训练腹部。我在本书一开始也说了，肩膀要负责撑起衣服，而腰部则是各种比例的轴心，纵向能分隔上肢与腿，横向能加大胸、腰、臀三点之间的曲线。两个新动作也都很简单，几乎是看一眼图片就能明白。如果自认为还没有掌握动作要领，没关系，因为我们马上要学习一些更重要、更具体的训练。

以上五套动作，轮番更换着做，在保证每周3次的基础上，短则一个月，多则三个月，你的身体恐怕已经发生了很大的变化。如果你有记录身体数据的习惯，就更容易看出来了。虽然你的体重不一定降低很多，但你所有部位的维度，都在朝着一个好的方向去。你可能会觉得长此以往坚持下去，你很快就能拥有你想要的身材了。

不过对不起，我们要在此刻打住了，因为接下来，你需要更改你的健身策略了。现在你已经拥有了一个相对不错的基础，像一幢很棒的房子一样，墙壁布局合理、空间适中、结构稳固，你搬进来了一些基础的家具，这个时候你需要干什么？

很显然，你需要打磨细节了。

注解

[1] Knab, A. M., Shanely, R. A., Corbin, K. D., Jin, F., Sha, W., & Nieman, D. C. (2011). A 45-minute vigorous exercise bout increases metabolic rate for 14 hours. Med Sci Sports Exerc, 43(9), 1643-8.
[2] 王明献, & 李玉周. (2014). 有氧运动和力量训练不同顺序组合对超重大学生体适能的影响. 内蒙古师范大学学报: 自然科学版, 43(2), 259-264.
[3] Goto, K., Ishii, N., Mizuno, A., & Takamatsu, K. (2007). Enhancement of fat metabolism by repeated bouts of moderate endurance exercise. Journal of Applied Physiology, 102(6), 2158-2164.

[4] Iwane, M., Arita, M., Tomimoto, S., Satani, O., Matsumoto, M., Miyashita, K., & Nishio, I. (2000). Walking 10,000 steps/day or more reduces blood pressure and sympathetic nerve activity in mild essential hypertension. Hypertension Research, 23(6), 573–580.

[5] Wilmore, J. H., Despr é s, J. P., Stanforth, P. R., Mandel, S., Rice, T., Gagnon, J., Leon, A. S., Rao, D., Skinner, J. S., & Bouchard, C. (1999). Alterations in body weight and composition consequent to 20 wk of endurance training: the HERITAGE Family Study. The American Journal of Clinical Nutrition, 70(3), 346–352.

[6] Seip, R. L., Angelopoulos, T. J., & Semenkovich, C. F. (1995). Exercise induces human lipoprotein lipase gene expression in skeletal muscle but not adipose tissue. American Journal of Physiology-Endocrinology And Metabolism, 268(2), E229–E236.

[7] Hansen, M., Morthorst, R., Larsson, B., Dall, R., Flyvbjerg, A., Rasmussen, M. H., Ørskov, H., Kjær, M., & Lange, K. H. W. (2005). No effect of growth hormone administration on substrate oxidation during exercise in young, lean men. The Journal of Physiology, 567(3), 1035–1045.

[8] 张勇. (2010). 中等强度持续跑和间歇跑机体能量消耗与底物代谢特征研究. 中国体育科技, (6), 115–120.

[9] Kaminsky, L. A., Padjen, S., & LaHam-Saeger, J. (1990). Effect of split exercise sessions on excess post-exercise oxygen consumption. British Journal of Sports Medicine, 24(2), 95–98.

[10] Chad, K. E., & Wenger, H. A. (1988). The effect of exercise duration on the exercise and post-exercise oxygen consumption. Canadian Journal of Sport Sciences= Journal Canadien des Sciences du Sport, 13(4), 204–207.

[11] Short, K. R., Wiest, J. M., & Sedlock, D. A. (1996). The effect of upper body exercise intensity and duration on post-exercise oxygen consumption. International Journal of Sports Medicine, 17(8), 559–563.

[12] Laforgia, J., Withers, R. T., Shipp, N. J., & Gore, C. J. (1997). Comparison of energy expenditure elevations after submaximal and supramaximal running. Journal of Applied Physiology, 82(2), 661–666.

[13] Chad, K. E., & Wenger, H. A. (1985). The effects of duration and intensity on the exercise and post-exercise metabolic rate. Australian Journal of Science and Medicine in Sport,17(4), 14–18.

[14] Trapp, E. G., Chisholm, D. J., Freund, J., & Boutcher, S. H. (2008). The effects of high-intensity intermittent exercise training on fat loss and fasting insulin levels of young women. International Journal of Obesity, 32(4), 684–691.

[15] Whyte, L. J., Gill, J. M., & Cathcart, A. J. (2010). Effect of 2 weeks of sprint interval training on health-related outcomes in sedentary overweight/obese men. Metabolism, 59(10), 1421–1428.

[16] Knab, A. M., Shanely, R. A., Corbin, K. D., Jin, F., Sha, W., & Nieman, D. C. (2011). A 45-minute vigorous exercise bout increases metabolic rate for 14 hours. Med Sci Sports Exerc, 43(9), 1643–8.

[17] 张勇. (2010). 中等强度持续跑和间歇跑机体能量消耗与底物代谢特征研究. 中国体育科技, (6), 115–120.

[18] 丁小鑫. (2012). 青年人群上下楼梯能量消耗特征初探 (Master's thesis, 南京体育学院).

[19] 王丽. (2011). 健康人群步行能量消耗特点与模型的初步研究 (Master's thesis, 安徽医科大学).

[20] Boreham, C. A., Wallace, W. F., & Nevill, A. (2000). Training effects of accumulated daily stair-climbing exercise in previously sedentary young women. Preventive Medicine, 30(4), 277–281.

胸大显腰细——对地心引力的关键
臀翘显腿长——完美曲线的黄金分割电
私藏的性感腹肌——身体视觉上最亮丽的风景线
挺拔而由气质的肩膀——成为衣架的关键
纤细修长vs性感而有力量的胳膊——拜拜了，拜拜肉
均匀而性感的小腿——比腰更显瘦的利器

4

Chapter

塑形的抗阻训练

——雕塑身体细节，从抗阻做起

我们的身体始终是由各个不同的部位组成的，因此，在健身的时候也需要从各个不同的部位出发，共同组成一个整体。我们已经度过了单纯以"胖"或"瘦"来形容身材的阶段，现在，我们可以开始雕琢身材的细节了。

　　在本书一开始我就说过，无论是为了增加个人魅力，还是单纯地为了穿衣好看，你需要追求的并不只是瘦而已。对健康的渴求是人类的本能，也是生存的必要，而所谓审美，大部分时候也是建立在这个基础之上的。

　　是的，曾经有过那么一个全球的模特儿都以瘦为美的时代。但当各种社交软件里都充斥着腹肌的图片；短款上衣开始流行，女孩们纷纷露出一小截线条漂亮的腰部；好莱坞超级英雄攻占整个电影市场；马甲线取代了乳沟……所有这一切发生的时候，就预示着病态的、以瘦为美的时代结束了，健康的审美已经正式走进我们的生活，斗志昂扬地称霸全球了。

　　我们的身体始终是由各个不同的部位组成的，因此，在健身的时候也需要从各个不同的部位出发，共同组成一个整体。我们已经度过了单纯以"胖"或"瘦"来形容身材的阶段，现在，我们可以开始雕琢身材的细节了。

一、胸大显腰细——对抗地心引力的关键

胸肌的训练可以让胸部变得挺翘、有弹性，
让你的穿衣效果变得更好。
同时，上挺的胸部还可以上拉视觉的关注点，
让腰线变得更长，显得更高、更苗条。

构成我们身材的几个主要肌群有：胸、臀、腹部、肩、背、腿。让我们一个一个来说。

对男性来说，胸是身材的门面，心房上的铠甲。对女性来说，胸的重要程度更是不言而喻。

在一项研究[1]中，科学家发现，不同的时代，大家的审美需求也会有所变化，但是普遍还是认为：

胸部越大的人，越有吸引力——无论男女！！！

在这项研究中，男性认为女性最性感的部位就是胸（38%），而女性同样认为，胸是男性最性感的部位，比例高达51%。

训练对于胸部的增长是十分明显的。这种增长对于男性的意义也许大家都已经知道了，阿诺德·施瓦辛格凭借自己145厘米的胸围，蝉联数届奥林匹亚先生；扮演美国队长的克里斯·埃文

斯，也凭自己性感的胸肌一跃成为好莱坞最红的明星之一。

对女性而言，胸部训练当然更加重要。现代意义上的第一位美胸明星是玛丽莲·梦露，她就十分推崇胸部训练。她身体力行地证明了胸肌训练能够增大胸围、修饰胸型，而且，还能对抗重力和时间对胸部的负面影响。到现在，她做卧推的图片都在网络上流传，成为健身爱好者最复古的icon（偶像）。

在健身训练中，胸部可以初步分为上胸、胸中部和下胸。上胸训练可以拉高整体视觉，给人以挺拔的感觉；胸中部训练可以增厚胸部，让男性的胸显得宽阔，让女性的胸增大罩杯；下胸和腹部交界的地方，被科学家认为是隐形的女性吸引力的关键因素。[2]

所以，胸肌不仅要练，还要全面而综合地练，不要担心什么"大胸穿衣不好看"，一群大胸明星和模特儿摆在那里，她们何曾不好看过？谁嫌弃过斯嘉丽·约翰逊穿衣不好看？风头正劲的《破产姐妹花》里的麦克斯又是怎样替全球的大胸女郎骄傲的？

即使你是一个追求时尚的人，并不喜欢大胸，也有必要训练胸肌，因为平胸并不意味着"难看的胸部"。随着地心引力的持续作用和胶原蛋白的流失，任何胸部都会变得下垂、走形，而胸肌的训练可以让胸部变得挺翘、有弹性，让你的穿衣效果变得更好。同时，上挺的胸部还可以上拉视觉的关注点，让腰线变得更长，显得更高、更苗条。

有些女性看到这里可能会想：我才不想要男人那种方块状的胸部呢！

拜托，我们先不说练出那样的胸部有多难，即便你真能练出那么壮硕的肌肉，也还有一层脂肪在那里挡着，所以根本不会变成那样的形状。这就像女性常用的盘发器，里面是一根或几根钢丝，用来固定形状，外面则是一层厚厚的海绵，为了让形状更好看。我们都知道盘发器内部有着坚硬的、难看的甚至是粗糙的钢丝，但盘发器看上去还是软绵绵一团。这跟胸部是一样的，胸肌用来挺拔身姿，脂肪用来填充形状。所以，发达的胸肌并不会让你的胸部看起来难看，事实上，它还能为你塑造更好的线条。

那么，胸肌该怎么训练呢？我们得先从胸肌的构成说起。

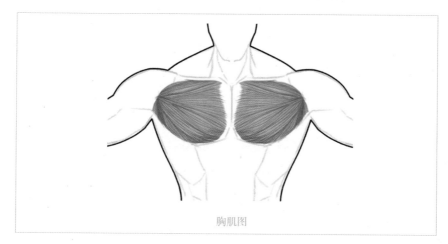

胸肌图

人体是很奇妙的，任何器官或部位都有其存在的原因。人类进化到现在，虽说还剩尾骨、阑尾等少量平常用不到的部位，但绝大部分还是有用的。可能很多人都不知道胸肌存在的意义，但实际上胸肌的实用价值远比我们想象中要大。

胸肌最大的作用是使大臂肱骨水平内收，这在日常生活中的表现就是推东西。简单粗暴地讲，胸肌最突破常识的问题在于胸肌最上边连接于肱骨大结节嵴最下边，胸肌最下边连接着肱骨大结节嵴最上边。

那么问题来了：人类为什么要长胸肌？假使我们的每一次进化、每一个器官的存在都有原因的话，胸肌的作用是什么？人的身体生成这样一块大而扁平的肌肉，而且是以如此奇特的方式连接手臂，是为什么？

其实胸肌的真正作用，很大一部分是攀爬和投掷。胸肌的上下沿结构只有在举手过顶的时候才起到作用。

为什么？

因为只有举手过顶的时候，你的胸肌在肱骨上的上下位置才会变成正的，可以爆发出很大的力量。这也就是人类在动物中投掷能力惊人的原因（事实上，投掷也是人类独有的能力）。考虑到我们的祖先靠投掷长矛和石块来狩猎，也就不难理解胸肌对人类生活的重要性了。

了解胸肌的构成与作用，有助于我们研究如何更好地进行胸部训练，从而将自己的努力效益最大化。

当然，这不代表我们应该用投掷和攀爬的方式去训练胸肌，因为这并不是最有效的。

根据胸肌图，我们知道上胸很大一部分是连接锁骨的，另一部分则是连接着大臂，所以，上胸的动作应该更加侧重于改变胸锁关节和肩锁关节。那么，练习胸肌最重要的一个要点就是——大臂移动，向内夹，活动肩关节，水平内收！

知道了胸肌的结构之后，再研究怎么练胸肌就简单多了。下面来介绍一些常见的胸部训练动作，既有无器械类，也有健身房常见器械类，几乎可以满足日常生活中所有人的需求。练会了这几个动作，想要挺拔的胸肌就不是难事了。

徒手胸肌训练：俯卧撑

提到胸肌训练，我们最先想到的动作恐怕就是俯卧撑了。无论是学生时代的宿舍生活，还是成年以后的娱乐，作为惩罚的手段，俯卧撑都是考验男性体力是否合格的标准之一。有些人可能在俯卧撑的比拼中输掉从前给人留下的强壮印象，也有人可能在这个过程中一鸣惊人，足见俯卧撑的重要性。

同时，俯卧撑是所有健身者都会的胸部练习基础动作，具有无器械、无场地限制、随时随地都可以训练的优点。俯卧撑除了能使胸大肌、三角肌前束、肱三头肌得到非常有效的训练，对于核心肌群也有很好的训练效果。

关于如何做俯卧撑，相信大家都有一个基本的概念，然而，俯卧撑还有各种不同的变形与训练方式，所以，下面我们将从标准俯卧撑的要点、俯卧撑的各种变形、如何从零开始练习俯卧撑以及简单的俯卧撑训练计划这几个方面展开，让大家可以从入门学到精通，并从简单的俯卧撑里找到更多的训练方法。

标准的俯卧撑如何做？

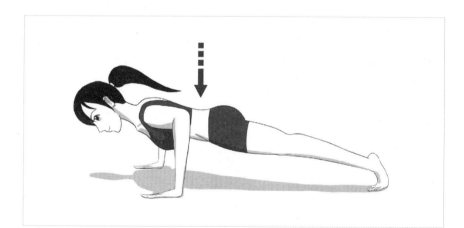

我相信大部分人第一次做俯卧撑都是在小学的体育课上。体育老师们虽然教了俯卧撑这个动作，但那时我们年纪太小，很多人无法完成得很标准，再加上老师的精力也有限，无法顾到每一个人，所以，很多人从幼年开始就一路做着错误的俯卧撑，直到成年后都没有纠正过来。

很多人做的所谓"俯卧撑"不过是趴下去，再撑起来，力气全部花在胳膊上，身体更像是煮烂的面条一样，软塌塌的。更有甚者，连胳膊都不动一下，只用腰和臀发力，也不知道意义何在。

真正的俯卧撑是用胸肌发力，将自身推起并有控制地落下，相当于一个负重训练，而重量就是你本人的体重。

俯卧撑的几个要点

首先，你的身体要挺直，无论上升还是下降，躯干都应该是一条直线，即腹肌、背肌、臀肌绷紧，这样可以更好地传达力量，并训练到核心肌群。

有人做俯卧撑时，手肘会有弹响，一般来讲不是大问题，那是手肘处的筋滑过骨头的声音，可以调整肘部的朝向试试。

其次，在做动作的过程中，注意发力的方式是夹紧胸部，用胸部发力，而不是伸直肘部，这样能更好地训练到胸。

"胸部发力"这个词听起来可能太抽象，简单一点儿的办法是：

在动作过程中试着逐渐减轻胳膊的负担，把手臂当作支架，只配合，不用力。一开始可能觉得有些难度，但随着训练的次数越来越多、胸肌越来越发达，你会觉得手臂的重要性越来越小，这个时候，你就算是真正地锻炼到胸部了。

如果条件允许的话，建议一开始练俯卧撑的时候对照着镜子练习，看自己的身体是不是一条直线。无论如何要保持身体绷成一条直线——这是做很多动作都需要注意的一点，你越早养成这个习惯，健身就越简单，请牢牢记住这一点。

最后，除了上升阶段要发力，下落阶段也要缓缓发力下降——至于原因，我们稍后将会讲到，总的来说，就是为了加强肩部关节的稳定性，防止受伤。

宽距俯卧撑和窄距俯卧撑有什么不同？

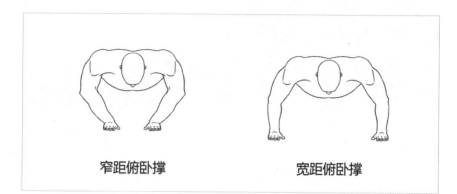

窄距俯卧撑   宽距俯卧撑

根据双手打开距离的不同，俯卧撑可以分为宽距俯卧撑和窄距俯卧撑。有人可能会想：不就是一个俯卧撑吗？双手之间的距离宽一点儿窄一点儿，这能有什么区别？但实际上是有的。

一般而言，双手之间的距离越宽，对胸肌的训练效果越好。也就是说：

> **宽距俯卧撑能更好地训练胸肌。**

究其原因，主要有以下三点：

1.双手距离更宽，上臂外展，内旋的作用增加，让胸大肌可以更好地发力。

2.宽距增加了胸肌一开始的长度，使之一开始就被拉伸，也就相应地增加了它的收缩力。

3.握距加宽，重力做功也大了，而负荷越大

上升阶段解剖学分析

环节名称	肌肉工作条件	关节运动	动作与重力的方向	肌肉工作性质	原动肌	对抗肌
肩胛骨在远固定下围绕胸锁关节前伸	相反		克制工作	前锯肌、胸小肌	斜方肌、菱形肌
上臂在远固定下围绕肩关节水平屈	相反		克制工作	胸大肌、三角肌前束、喙肱肌、肱二头肌长头	背阔肌、三角肌后束、大圆肌、小圆肌、肱三头肌长头
下臂内旋后在远固定下围绕肘关节伸	相反		克制工作	肱三头肌、肘肌	肱二头肌、肱肌、肱桡肌、旋前圆肌
手伸后在远固定下围绕桡腕关节屈	相反		支持工作	桡侧腕屈肌等下臂屈肌群	桡侧腕长伸肌等下臂伸肌群

窄距俯卧撑则可以更好地训练肱三头肌。

的时候，胸肌发力也越多（胸肌是主动肌和运动核心关节肌）。

同理，

所以，练习俯卧撑的时候，可以根据自己的训练目的和训练要点，有选择性地调整手臂之间的距离。

另外，俯卧撑训练中，训练越多的人，越能更好地募集胸肌的力量，从而训练到胸部。[3]这也就是说，在做俯卧撑的过程中，越是找不到胸部发力感觉的人，越要多做俯卧撑啦。

俯卧撑上升阶段健美组与普通组之间
主要肌肉的贡献率对比

SW: 肩宽
75%SW=75%的肩宽
200%SW=两倍肩宽

BB: 健美组
CON: 对照组

组别	N	肌电水平aEMG[μV]		
		三角肌前束	胸大肌	肱三头肌
75%SW	BB	27.42	19.05	24.06
	CON	24.94	17.38	26.08
100%SW	BB	27.73	22.11	20.21
	CON	29.02	19.18	21.43
150%SW	BB	26.91	26.56	16.90
	CON	27.71	21.89	18.89
200%SW	BB	26.19	28.09	14.98
	CON	27.69	23.95	16.16

距离越宽，对胸大肌的刺激越大，对肱三头肌的刺激越小。健美组比对照组能募集更多的胸肌纤维。

也就是说，随着训练水平的提高，俯卧撑对胸肌的训练效果越好。

如图所示，当距离变宽时，胸大肌的肌电水平贡献率提高。当距离变窄时，肱三头肌的肌电水平贡献率提高。无论何时，健美组比普通人的胸肌募集能力都要强，更能使用胸肌发力。

做不了俯卧撑的人如何练？

看到这里，很多女性会想：就算你这么说，可我还是做不了俯卧撑啊！

没关系，你可以从跪式俯卧撑或上斜俯卧撑做起。

跪式俯卧撑也叫半俯卧撑，顾名思义，就是跪在地上做——听上去改变不大，实际上，跪下之后，肩关节的角度完全变了，可以让身体帮忙分担一部分重量，因而容易得多。

但大部分女性一开始做跪式俯卧撑时都有一个问题，那就是在俯身的时候将重心放在腰臀部，从侧面看上去就像磕头那样。这是因为，即便是平时不运动的人，臀、腿部位的肌肉也比别处发达，当上肢力量不足时，身体就习惯性地向下肢借力，导致动作不准确。

解决的办法也很简单，跟做标准俯卧撑一样，对着镜子做。那个时候你会发现：在确保上肢绷紧，保持直线的状态下，你如果想要俯身，无论如何都要借助上肢肌肉。一开始做可能不太标准，但练习三五次之后，你就会发现一次比一次接近标准动作，而时间更久一点儿，标准的俯卧撑也没什么难度了。

上斜俯卧撑则是侧重改变肩关节的发力角度，但最终效果还是一样减轻了撑起的重量，让动作变得更为容易、简单，有一个循序渐进的过程。

如果你的目的是塑身、丰胸、增肌，俯卧撑每组8~20个，每天3~6组就可以了。

如果你可以轻松超过20个，那就可以试着做标准俯卧撑了。男性的话，这个时候则可以增加难度，换其他动作训练胸部了。

心目中最强的俯卧撑

有一些人身材比较苗条，他们对俯卧撑的疑问是："由于体重较轻，比较轻松就可以完成几十个俯卧撑，肌肉几乎不会产生酸胀感和泵感，这已经不是抗阻训练，几乎变成有氧训练了。"另一些人训练时间较长，表示："以往都是卧推100公斤的杠铃，在家做俯卧撑总觉得负荷不够。"

如何增加训练负荷、增强训练效果呢？单手俯卧撑吗？一指禅俯卧撑吗？

错，虽然单手俯卧撑确实增加了负重，但是，单手的运动形式与双手截然不同，它主要依靠肱三头肌伸肘的力量推动身体，而非我们想练习的胸肌和三角肌（屈肩）。所以，且不说单手俯卧撑和一指禅俯卧撑大家能不能做，就算做得出来，也达不到你想要的训练效果。

今天我介绍的这个心目中最强俯卧撑，一次满足你们所有问题。它不仅像俯卧撑一样，无器械，随时随地方便训练，针对胸肌等大肌群，而且可以更高效地增加力量、耐力，强化整体塑形！

嗯，话不多讲，下面直接进入主题，击掌俯卧撑。

做法如上图。虽然名字叫击掌俯卧撑，但是不击掌也完全没问题。动作与传统俯卧撑完全一样，只是在发力阶段尽量把自己推起就可以了。

别看只有这一点点的变化，肌肉的发力形式就完全不一样了。传统俯卧撑推起时，肌肉在做等张收缩，下落时，肌肉在做离心收缩。而击掌俯卧撑推起时，肌肉在做等动收缩，下落时，肌肉在做超等长收缩。

等等，什么等动收缩不等动收缩的？

这里要普及一个小知识：肌肉的收缩形式相互交织，是一种非常复杂的运动方式（人体本身就是一台很复杂的仪器）。

简单来说，等动收缩就是指在整个运动过程中，所有肌肉都发挥了自己的最大力量。举个例子，传统俯卧撑，很可能是力量最小的肱三头肌发挥了100%的力量，而力量最大的胸大肌只发挥了50%的力量。而击掌俯卧撑，由于要在一瞬间将自己推起，所以，几乎所有参与的主动肌肉，都要发挥自己100%的力量。这是训练效果最好的肌肉收缩形式之一。[4]

传统力量训练方法的优缺点分析

评定指标	比较级别		
	等动练习	静力性练习	动力性练习
力量增加率	优	差	良
耐力增加率	优	差	良
整个运动范围的力量增加	优	差	良
训练所耗时间	良	优	良
完成训练的难易性	良	优	良
进行评定的难易性	优	良	优
对专项技术的适应性	优	差	良
减小损伤的可能性	优	良	差
技术的提高	优	差	良

而所谓的超等长收缩，是指肌肉在缓冲制动的阶段，肌纤维被拉长，然后立即快速有力地进行收缩的一种方式。目前学术界认为它是最佳的训练爆发力的方式[5]，也就是说，在击掌俯卧撑的过程中，下落时肌肉吸收了冲击力，拉长了肌纤维，并把一部分储存在肌肉的弹性物质如肌腱、筋膜中，同时肌梭感受到拉伸，迅速反弹，又将自己推起。

那么，击掌俯卧撑到底有哪些优点呢？

首先，它很好地解决了训练负荷的问题。无论你有多重，力量水平有多好，你都可以爆发接近100%的力量。因为你不仅要把自己推起来，还要让自己尽可能地腾空。

其次，击掌俯卧撑也很好地解决了传统俯卧撑肌力训练不平衡的问题。以往都是小肌群得到100%的负荷训练，大肌群如胸肌只能得到50%~70%的负荷训练，如果小肌群没力量了，你的俯卧撑也做不下去了。但是，在击掌俯卧撑的等动收缩后，所有肌群都发挥了接近100%的力量。

而且，传统力量＋超等长训练是目前学界最认可的提升力量和爆发力的训练组合。在一项为时六周的研究中，传统阻力训练，使受训者的垂直跳高度增加了3.3厘米，只做超等长训练的受训者增加了3.8厘米，而传统阻力＋超等长训练的受训者弹跳力增加了10.7厘米。[6]

不过，击掌俯卧撑虽然是比较安全的动作，但是，下落时也会受到一定的冲击。所以，练习的过程中一定要循序渐进，一开始千万不要用关节和骨骼强吃下落的力量，这样不仅不能很好地训练肌肉，而且会对关节产生不好的损耗。我们的目标是掌握由胸部肌肉、三角肌来吸收冲击的方法，是每次都能感觉像弹跳一样用胸肌弹起来身体。

俯卧撑架的作用

说到俯卧撑，不得不提俯卧撑架。很多人都不明白俯卧撑架的作用，以为它只是一个无用的工具。实际上，俯卧撑架对胸肌的训练是有很大的帮助的。首先讲讲重心的变化：

传统的俯卧撑，重心在掌心附近：

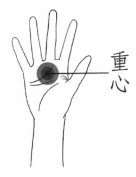

重心

使用俯卧撑架的话，重心会转移到掌根附近：

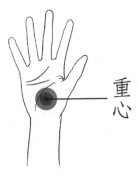

重心

别小看重心的转移，它可以改变胸锁关节的发力角度，让你的胸肌更好地发力，从而让你更好地训练到胸。同时，俯卧撑架还可以减少肘部受到的剪切力。

另外，俯卧撑架可以让你的初始胸肌拉伸幅度变长，胸肌的发力会更多，胸肌负荷会变得更大。

所以，如果你是男性读者的话，建议你在家里准备一个俯卧撑架，一方面，当你需要的时候，不用中断训练再去买新的；另一方面，它也可以激励你朝着更强的方向迈进。

如果你不仅想练胸，还要练好胸型

　　普通的标准俯卧撑，虽然能对胸肌起到很好的锻炼效果，但还是有很多的局限性的，它对胸肌的细节雕塑并不能起到很好的效果。

　　需要注意的是，胸肌的训练也分上胸和下胸的训练。我们尽量偏重于上胸，因为

> 上胸的塑造能使胸部看起来更美观、更有力量感。

　　下胸过于浑厚，则会使胸肌看起来下垂，所以，下胸线条锐利就可以了。

　　那么，如何调整自己的俯卧撑计划，使之不仅能训练到胸，还能把胸部的上、中、下位置都训练得有型呢？

　　针对胸部上下位置的不同锻炼，大家可以选择有斜度的俯卧撑训练。

> 训练下胸可以采用上斜俯卧撑，训练上胸可以采用下斜俯卧撑。

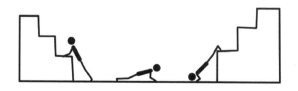

　　训练上胸最好采用下斜窄距俯卧撑，训练下胸最好采用上斜宽距俯卧撑。[7]

　　为什么呢？

　　还是先上数据：

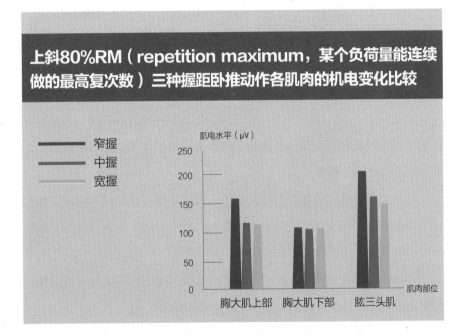

上斜80%RM（repetition maximum，某个负荷量能连续做的最高复次数）三种握距卧推动作各肌肉的机电变化比较

肌电水平（μV）

窄握
中握
宽握

胸大肌上部　　胸大肌下部　　肱三头肌

肌肉部位

　　图中显示的是上斜卧推（但动作原理基本跟俯卧撑相似）过程中，不同的握距下各肌肉部位的肌电水平变化，其中最左边为胸大肌上部，可以看到窄握时，对胸大肌上部的训练效果最好。

　　当然，实际上该研究情况比较复杂，为了方便读者阅读，我简化了一下，但道理是不变的。

　　另外，如果你有俯卧撑架或者哑铃，你可以采用下斜反手俯卧撑。

　　这样训练上胸的效果更好。原因如我前面所说，重心的转移改变了胸锁关节的发力角度，更好地刺激到胸肌。

俯卧撑训练计划

热身：标准俯卧撑10个×3组。

正式：击掌俯卧撑每组力竭×3组。

击掌上下斜俯卧撑15个×4组（上下斜各2组）。

注：若不能做击掌俯卧撑，可以做标准俯卧撑，也可以尝试下斜击掌俯卧撑或上斜击掌俯卧撑。这两样比较容易。

拉伸：手抵住墙，缓缓转体，让胸部被拉伸。

上述是对一般人的俯卧撑训练计划。针对不同的身体情况，大家也可以做出相应的调整和变化。下面是一些针对不同健身人士的小建议，大家可以参考自身情况来练习。

如果你是男性，体重在80公斤以下，或者平时有一些健身基础，你可以采用击掌俯卧撑或者负重俯卧撑的方式。背个书包，里面装点儿字典什么的，调整到自己做不到20个的重量，做到力竭。一天10组。

如果你是男性，体重在80公斤以上，有能力完成标准俯卧撑的训练，普通俯卧撑就可以，适当做些负重或击掌俯卧撑尝试一下。

如果你是女性，或者没办法完成标准的俯卧撑，所有动作都可以采用跪姿，即双膝跪地、双手支撑的动作。

所有人都适当做些多角度、多形式的改变。比如双脚放置在椅子上、双手撑在椅子上，或者改变双手间的距离、改变俯卧撑的速度，等等。

胸肌的器械训练

跟大多数无器械动作一样，俯卧撑的锻炼方式在发力角度和训练重量上都不好调整，尤其是对初学者而言。现代人缺乏对自己身体的控制，由于手臂和肩部的三角肌都是既灵活又强力，所以，我们更习惯在日常生活中运用它们完成动作。同时，羸弱的胸肌不足以单独完成动作时，必然也会借力。

所以，对于胸肌训练，我还是推荐在健身房中进行。胸肌需要负重比较大的动作，小负重不足以刺激它的生长。同时，胸肌的感觉很难找对，你需要专项的训练器械来帮助你。

而对于胸肌的形状塑造，最重要的动作有三个：杠铃卧推、龙门架拉索夹胸和悍马机。其中，杠铃卧推又是所有胸部训练的基础。

杠铃卧推

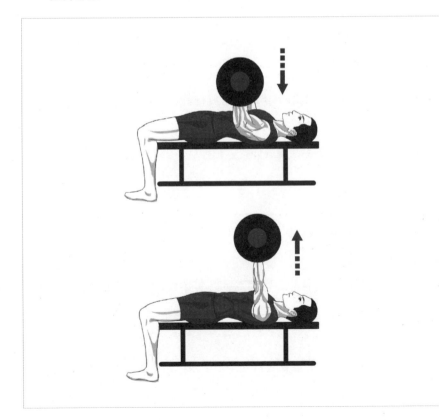

卧推是一个多关节复合动作，几乎可以训练到上半身所有的肌群，尤其是大家最关心的胸部。当你向我询问"什么动作最塑胸？""什么是健身的最基础动作？""上半身高效燃脂动作有哪些""如何提升上半身力量？"时，我的回答都不会少了"卧推"。

《儒林外史》中曾这么写："八股文章若做的好，随你做甚么东西——要诗就诗，要赋就赋。"

其实平板标准卧推也一样。如果你平板标准卧推做得好，其他什么练胸的动作，如夹胸、飞鸟等，都可以信手拈来。

但是，怎么才能做出标准的平板杠铃卧推呢？

动作：

1.仰卧在卧推凳上，双脚自然踏地，双手正握杠铃，与肩同宽或稍宽于肩。

2.将杠铃从卧推架上取下，缓慢下放杠铃，在杠铃离胸口有一点儿距离时停止。

3.迅速发力上推至手臂接近伸直，稍停后，做下一组动作。

要点：

1.发力时，注意让胸部、肩关节和大臂向里夹，而不要注意肘关节的伸直。要挺胸、沉肩。

2.动作过程中，上背部和臀部不可以离开凳面，形成拱腰。如果你的目标是训练胸肌，你最好也不要使用太多的腿部力量，双脚稳固而不借力。

3.在训练中，杠铃的位置应该处于手掌根，而非掌心或掌前部。

还记得之前我说过的做俯卧撑时的重心下移吗？原理是一样的，但目的略有不同，俯卧撑的重心下移是为了更好地刺激胸部，而卧推的手掌重心下移则是不让你的手腕承受太多的压力，以免损伤你的腕骨。

平板杠铃卧推时，很多人会习惯做高胸位卧推，也就是杠铃落于锁骨，上至脸部，但这个动作其实是不利于整体训练的。相比标准的平板卧推落于胸部、上至锁骨的方式，高胸位的卧推会降低胸大肌的训练效果。

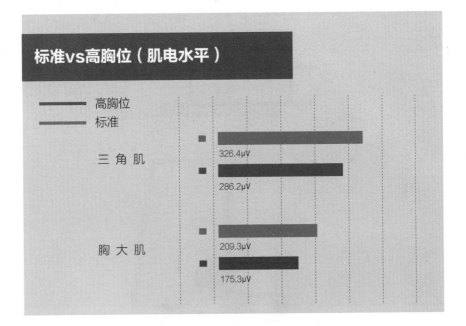

标准vs高胸位（肌电水平）

—— 高胸位
—— 标准

三 角 肌
326.4μV
286.2μV

胸 大 肌
209.3μV
175.3μV

从实验中可以看到，相比标准卧推，高胸位卧推的胸大肌、三角肌肌电水平降低了很多。也就是说，高胸位卧推没有让这两个最主要的肌群获得充分的训练。[8]

高胸位卧推让上臂的外展过度，使得杠铃的阻力作用线与胸大肌肌纤维之间的角度增大，所以导致了整个胸大肌的刺激下降。因此，杠铃下放到胸部中间的标准卧推，才是更有效的训练方式。

史密斯机卧推

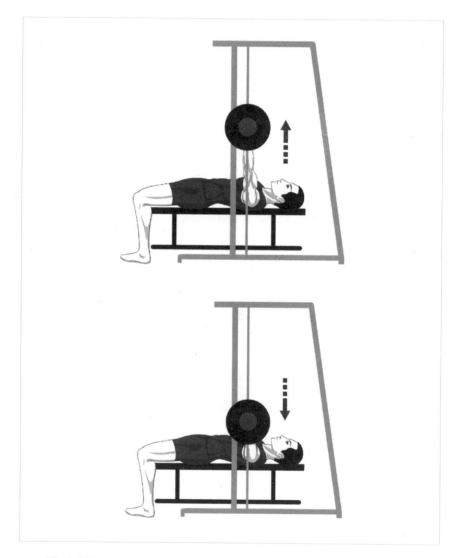

　　说到卧推，不得不提史密斯机，很多练胸肌的人都喜欢。作为一种固定轨迹的杠铃器械，相比自由的普通训练装置，史密斯机不会产生前后的位移，更加稳定，因此深受健身者的喜爱。很多人认为，自己用史密斯机可以冲击更大的重量，因为它更加稳定，不会前后左右摇晃。

然而，一项研究发现，对于训练者来讲，自由重量的杠铃平板卧推比史密斯机多推出16%的重量。[9]也就是说，其实自由重量的杠铃，能让你使用更大的重量训练，从而取得更好的训练效果！

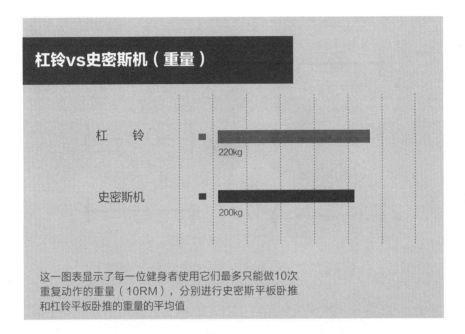

杠铃vs史密斯机（重量）

杠 铃 220kg

史密斯机 200kg

这一图表显示了每一位健身者使用它们最多只能做10次重复动作的重量（10RM），分别进行史密斯平板卧推和杠铃平板卧推的重量的平均值

为什么看起来更稳定的史密斯机，反而不能让你推起更多的重量呢？因为卧推的时候，你的运动轨迹不是直上直下的，而是从锁骨开始，下落到胸中部，然后从胸中部开始推起，推到锁骨为一个。

史密斯机由于前后固定，限制了胸肌纤维的发力角度，并不能让胸肌百分之百地发挥自己的力量，最后导致训练效果受限。

当然，这里我们也不是完全否定史密斯机，当你没有什么训练伙伴保护，又想冲击重量时，史密斯机也是很好的选择。不过，我还是建议以自由杠铃为主。

Tips（提示）：

1.标准的平板卧推空杆重20公斤。

2.史密斯机空杆重10～20公斤不等，一般为15公斤左右。

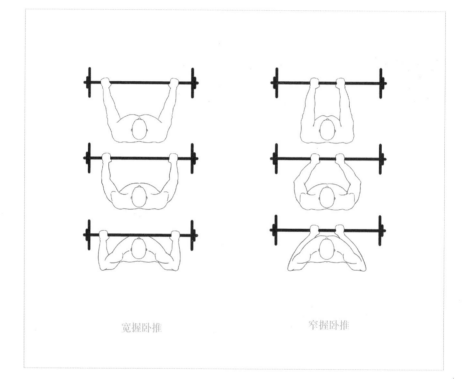

宽握卧推   窄握卧推

    标准的卧推是双手握住杠铃，与肩同宽。标准握距的卧推可以很好地兼顾胸肌、三角肌和肱三头肌的训练，让你一箭三雕。而如果你想集中于自己的胸肌塑造，那么加宽握距，则会给胸肌带来更好的刺激！

    从下图可以看到，虽然在宽握卧推中，肱三头肌的肌电水平下降了，但是胸肌的肌电水平明显上升了。所以说，宽握卧推会给你带来更好的胸部训练效果！[10]

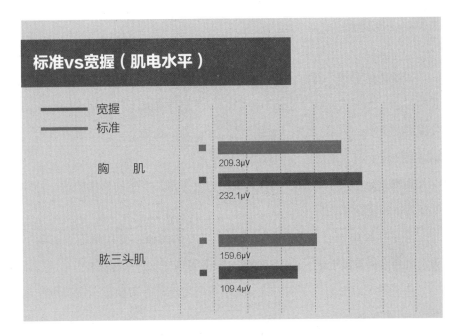

那么，问题又来了——宽握该握多宽呢？

我个人认为，最好是握到接近自己肩长1.5倍的距离。一项研究[11]发现，当你双手的间隔距离大于双肩宽度的1.5倍时，会明显增加肩部受伤的概率。因为当你的握距太大，杠铃的压力会作用于你的三角肌和肩部，这不仅会引起肩部疼痛，还增加了肩部韧带受伤的概率。

如何测试标准与否呢？

如果整个卧推的最低点中，自己的双肘角度不会超过90度，那么就不会对肩部产生太大的负担。

上斜、下斜卧推

卧推跟俯卧撑一样，不仅能训练出强大的胸肌，还能将之修整成更好看的形状，而秘诀就在于上斜和下斜。如果想要训练上胸，那么卧推和俯卧撑都是可以的，只是两手间距要窄，无论是撑在地上，还是握着杠铃，双臂间距较小时才能更好地刺激胸肌去"夹"。

但如果想练习下胸肌，也就是说，想要练出不下垂的形状的话，卧推就变得比较复杂了。

下斜杠铃卧推分两种情况：当你负重小的时候，宽握更能训练到下胸；而当你负重接近最大值的80%时，窄握明显优于其他握法。

从下图可以看出，下斜卧推40%负重的情况下，很明显，宽握更能刺激胸肌下部的增长。

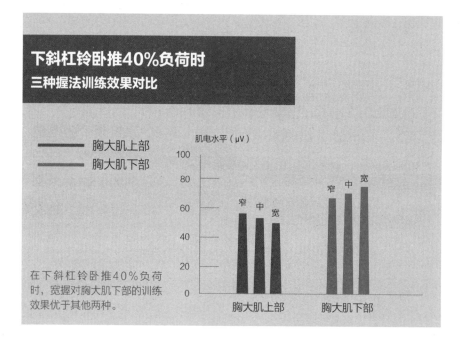

在下斜杠铃卧推40%负荷时，宽握对胸大肌下部的训练效果优于其他两种。

不一样的来了：从下图可以看到，下斜卧推80%负重的情况下，窄握明显优于其他握法。

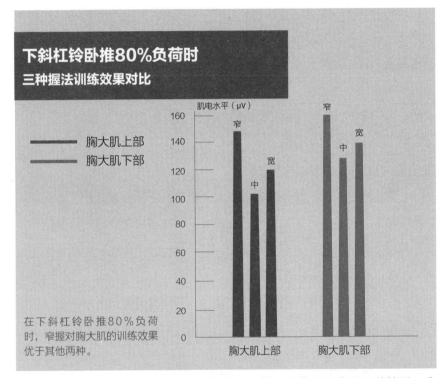

在下斜杠铃卧推80％负荷时，窄握对胸大肌的训练效果优于其他两种。

这是为什么？为什么跟我们想象的不一样？为什么还分了几种情况？我个人认为，这可能与卧推中的肩部水平屈伸角有关。我们知道，当你在做下斜卧推时，肩部水平屈伸角的最大值会有所减小。[12]当负荷大的时候，如果握距比较宽，身体由于肩部屈伸角变小，就可以借力，这时，不容易借力的窄握卧推，反而更能训练到胸肌。

为什么在做俯卧撑时，我推荐大家用上斜宽距俯卧撑？因为上斜俯卧撑，本身就在重力上有助力，让你的负荷变得比较小，更接近40%的负荷，所以，此时宽握距的训练效果更好。

当你在做下斜卧推时，就应该自己有一个判断。负荷大时，选择窄握；负荷小时，选择宽握，这才是最佳的训练方式。

在一开始的介绍中，我们就强调过，胸肌的锻造，重点在夹，而不在推。

因为做推的动作时，我们的身体更习惯用三角肌前束和肱三头肌发力，这就很难孤立地刺激到胸肌了。龙门架拉索夹胸的好处在于，可以灵活地改变角度，让手臂呈"C"字形运动，而非直上直下；悍马机的角度是根据胸肌特点塑造的，本身运动时角度也在修正：这些都是专项刺激胸肌的。初学者可以从悍马机开始，因为比较安全，也可以上重量。

胸肌器械训练有如下几个要点：

1.关节不要锁定。肘关节如果锁定，就代表着你要倚重肱三头肌了；肩关节锁定，就代表你要倚重三角肌前束了，都没有孤立地刺激胸肌。同时，你锁定关节，也代表你放弃了停止时的等长收缩机会。大重量还会给你的关节很多压迫，导致受伤或劳损。

2.沉肩夹胸。这就是刚才说的，不沉肩，你用的是三角肌前束；不夹胸，你用的是肱三头肌。

3.念动一致。一定要想着自己在夹胸，注意肌肉感觉，这是健美孤立训练的重点。

4.多种角度，上斜下斜等。虽然说胸肌的最上、最下两端是过顶运动训练决定的，但是胸肌的上部和下部的丰满程度还是需要上斜、下斜的哑铃卧推，需要经常改变角度的拉索卧推等。

5.多吃多喝多睡。胸肌训练就是为了围度、力度，所以，一定要保证吃喝跟上，确保超量恢复。

6.多用弹力带。弹力带可以确保你做的是等动收缩，而且在运动的全程，你的胸肌都在发挥最大力量。

7.拉伸。拉伸可以在充血时扩张筋膜，从而促进肌肉的生长。

胸肌的健身房训练计划

男性			女性		
项目重量	（重复次数）	组数	项目重量	（重复次数）	组数
杠铃卧推	8RM	3	断头台卧推	15RM	3
哑铃上斜卧推	12RM	3	哑铃上斜卧推	12RM	3
悍马机上斜卧推	8RM	3	史密斯机卧推	12RM	3
大蝴蝶机夹胸	12RM	3	大蝴蝶机夹胸	12RM	3
大龙门机拉索夹胸	12RM	3	拉索夹胸	12RM	5
动态拉伸 5分钟			动态拉伸 5分钟		

二、臀翘显腿长——完美曲线的黄金分割点

如果一个人的臀部够翘，

臀大肌和臀中肌都发展完善，

能把腿部的视觉效果拉长、拉高5~10厘米。

这不仅适用于男性，也适用于女性。

臀大肌是人的身体上最大体积的肌肉之一，燃脂能力超群。而且，男同胞们可能很难理解，女性认为完美男性身材的一个重要部位就是臀部。英国《夏娃》杂志曾经做过一项调查，女性认为完美男性身材的最重要部位是屁股（39%），因为臀部能代表一个男性各个方面的体格和能力。这里的调查与之前胸部的侧重点不太一样，一个是性吸引力层面上的，一个是视觉层面上的——也许我这样说会显得轻浮，但性是人类行为的最大驱动力之一，要不然，怎么可以跟吃并驾齐驱？

而臀中肌位于臀部的上方。从生理上看，腿部的长短在成年后就很难改变了，但是如果能练好臀大肌和臀中肌，就可以明显地在视觉上拉高整个人的身高。

如果一个人的臀部够翘，臀大肌和臀中肌都发展完善，能把腿部的视觉效果拉长、拉高5~10厘米。这不仅适用于男性，也适用于女性。羡慕名模天生一双大长腿有什么用呢？在原有身高的基础上让自己看起来更高挑一点儿不是更好吗？无论穿牛仔裤还是穿连衣裙，一个心形的臀部都是人群中最醒目的焦点。

从实用角度来说，强大的臀部肌肉也会让你在日常的行走、奔跑甚至站立时省力很多。如果你的臀大肌足够发达，你的生活将会彻底被改变。

请不要对此怀疑，试试看你就会知道，我说的都是真的。

完美臀部的构成

完美臀部是由两方面组成的：臀大肌和臀中肌。但由于臀中肌是深层肌肉，外部很难见到。

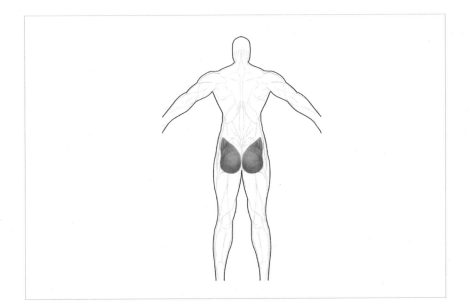

所以，练翘屁股的关键问题是如何练大臀大肌，使其粗壮。臀大肌负责的动作是后伸与外旋股骨，也就是向后伸大腿。要知道，有力的臀大肌不单单是更好看，在各种运动中，臀大肌也是超高爆发力的保证。

如果你喜欢观看体育赛事的话，你就会发现，大部分运动员都拥有比常人更强壮的翘臀，比如"百米飞人"博尔特，他跑步时，髋角改变的角度很大，超过亚洲运动员很多。人体的运作运用了很多机械性原理，肌肉、关节、骨骼的工作方式有点儿像杠杆：肌肉提供动力，骨骼作为杠杆，而关节是支点。臀大肌有力，就能更好地牵拉大腿向后伸。博尔特是先用臀大肌发力，再用腿部肌肉发力，力量大很多，速度当然也比别人快很多。

相比之下，亚洲运动员利用臀大肌发力不足，主要利用腿部肌肉发力，速度当然慢很多。

对于普通的运动爱好者来说，臀大肌同样很重要，尤其是对于篮球、足球、搏击等需要爆发力的项目而言。强健的大腿当然重要，但是很多人的臀大肌薄弱得很，导致打篮球跳不高、踢足球启动不快、搏击踢腿时无法抬胯，力量不强。所以，如果你是一个运动爱好者，也有必要加强臀大肌的训练。

而臀中肌的位置在臀部上部，虽然是深层肌肉，但因为它是羽状肌，也是可以有力有型的，可以作为下肢力量的重要补充。当然，最重要的是对外形而言，发展臀中肌既可以将臀部整个上提，也可以让臀部看起来更加丰满、浑圆。

如何练好臀部？

当我们明白了臀大肌的作用和重要程度后，我们该如何练好臀大肌呢？

臀大肌训练重点有两个：

一是既然臀大肌的主要作用是改变髋角，那么训练时一定要记住这个重点。

二是臀大肌力量极大，小重量训练很难刺激其生长。

但即使很多有一定的运动基础的人，也很难训练到臀大肌，很难刺激臀部，反而会刺激到腿部肌肉，导致第二天腿部酸痛。

产生这种现象的原因在于：

一是臀部肌肉不够，不够支持臀部在孤立发力的情况下完成一个动作。当一个大重量复合动作全身发力时，肌力不足的部位必然向肌力充沛的部位借力。

二是没有更多地限制腿部发力，膝角改变过大。股四头肌（大腿前面的肌群）与腘绳肌（大腿后部肌群）是强大、耐久且灵活的肌肉，身体一开始就习惯让这两块肌肉发力，以对抗外界阻力，如果你不对这两块肌肉的发力加以限制，就很难刺激到臀部。

结合这两点，我首先推荐找不到臀部训练感觉的人练习孤立臀部的动作，找到臀部训练感觉，以求臀部力量能发展得足够参与大重量复合动作。

还记得我们在HIIT章节中推荐的臀部激活动作吗？此动作是现代体能研究领域提出来的一个新概念。近几年国外非常强调臀肌激活，在目前国外的职业体育比赛热身环节中，经常能看到此动作出现。

我个人分析，半蹲是臀部肌群发力的最佳角度，而侧向行走则是臀中肌等肌群的主要运动方式，该动作正是通过合理的发力姿势与运动方式激活臀部肌群。

在臀部训练前，用此动作热身，可以达到事半功倍的效果！也避免了练臀只练到腿的窘境。

另外，弹力带的阻力不要太大，研究显示，不同阻力的弹力带对臀肌激活的效果差异不大。

做这个动作时，有一些需要注意的地方：

1.正确的半蹲姿势（这也是所有的臀部训练都要遵守的奥义）。

2.上体保持正直，背部脊柱反弓，尾骨朝天，切忌弯腰驼背。

3.上半身一定要和大腿接近，也就是髋角改变要大。

深蹲——训练之王

一次标准的深蹲，可以训练到全身200余块主要肌肉，而深蹲所训练的肌群，也是全身最大、最主要的肌群，比如臀、腿、下背等等。这些肌群让你平日看起来更挺拔、更性感。同时，当你在深冬的胡同小店里吃火锅、喝啤酒、谈笑风生的时候，这些大肌群还可以帮你燃烧更多的脂肪和卡路里。

深蹲是你在训练中所能做到的"最有效"的动作，无论你的训练目的是增肌、减脂、塑形、翘臀，还是其他什么，深蹲训练都是绕不开的。

我们常常在家里做空手深蹲，有些人一天可以做数十个、数百个。然而，你在家做的空手深蹲，动作真的正确吗？如果姿势和动作一开始就错误了，你每天做的几百个深蹲，不就等于错误的几百次累积吗？倘若只是没效果还好，如果是危险的姿势，受伤了怎么办？

所以，我们首先就要注意空手深蹲时，最容易犯的错误：深蹲时，你真的能训练到臀部吗？

大多数人训练深蹲的目的是什么？

一般是翘臀、塑身或者减脂，但无论是塑身还是减脂，不激活全身最大的肌肉——臀大肌，效果就会至少降低一半，而且还会让你的大腿前部越练越粗。

什么情况下，我们的姿势是错误的？大多数时候是你过于"向下坐"而非"向后坐"。

很多人接触深蹲的时候，都听过这样一句话："深蹲时，不要让膝盖越过脚尖。"对初学者而言，这话没有问题，但问题是，如何让膝盖不越过脚尖？

我们知道，下半身最大的三个肌群是股四头肌、股二头肌和臀大肌。这三个肌群也是全身力量最大、燃脂能力最强的肌群。

然而实际上，在一般人身上，这三个肌群的发展并不平均。一般人都是大腿前部股四头肌比较发达，股二头肌和臀大肌的发展较弱——不信你去做100个深蹲，我保证做到最后，大多数人都是大腿前部最疲劳，而臀部和大腿后部则没有多少酸痛感。

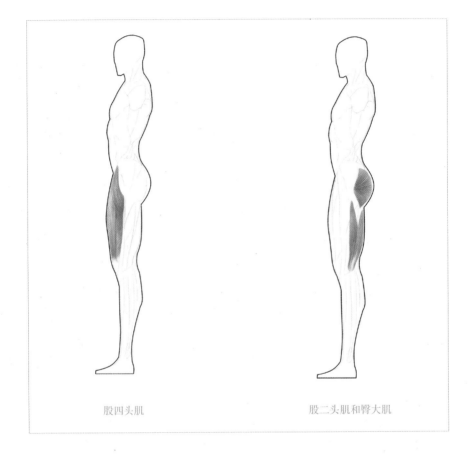

股四头肌　　　　　　　　　　　　　股二头肌和臀大肌

　　三大肌群的发展不均衡，就引起了一系列问题：从形体上来看，这会让很多人的大腿前部很粗，臀部扁平；在运动过程中，这种情况还会影响你的爆发力、弹跳力。而且，如果你掌握不好臀部发力的感觉，很容易让你膝盖前部的十字韧带和髌骨受伤和劳损。

　　你跑步较多时，膝盖下部的髌骨痛吗？如果掌握好正确的深蹲姿势，也许就不疼了！

　　研究者分析了"向下坐"与比较正确的深蹲姿势"向后坐"的肌电水平。研究发现，正确的姿势能够比错误的姿势募集到更多的臀部和大腿后部的肌群。[13]对于一般人而言，正确的姿势训练效果更好。但是肯定会有人说："我早就知道膝盖不能过脚尖，也早就知道不能往下坐，而是要往后坐，但身体就是控制不好！"

　　这就是重心和躯干位置调整不好带来的结果，

简单来说，就是所谓的没有向"后"蹲，而是向"下"蹲。

　　臀大肌的作用，就是使髋关节伸直，所以，如果你太注重向下蹲而非向后蹲，只会改变膝关节的角度，而没有着重改变髋关节角度，不仅对整体的训练效果无益，还会导致你大腿更粗，膝盖更容易受伤。

　　大多数人在做深蹲的时候，总觉得哪里不对，但好像又没什么不对。在这种时候，你很可能已经做得不标准了！

　　所以，现在我就来给大家介绍两个徒手深蹲的动作，以让大家更有效地掌握正确的深蹲姿势。

初阶版：沙发深蹲——安全与高效可以兼得

1.从站立姿势慢慢变成坐在沙发上，双手置于脑后。

2.背部挺直微微反弓（重要），把臀部往沙发深处挪移！就是往深处坐，坐得非常靠里。

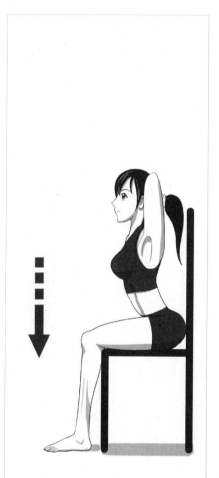

3.头部正视前方，背部挺直微反弓，用臀部的力量发力到脚后跟，蹬地起身。

这个动作我们在HIIT章节中也详细说明过了，但此时结合臀部的构成来看，你是不是觉得豁然开朗了很多？

这就是为什么我在本书里一而再、再而三地引用各种数据，从内到外地分析原因。也许你在阅读本书的时候，无数次跳过那些枯燥的数据和说明，但如果你仔细看过，就知道；懂得了最基础的概念之后再进阶，会是一件多么容易的事。也许一开始的过程是枯燥而无聊的，但渐渐地，你会开始享受知识带来的成就感与满足感。

现在，你或许暂时看不下去那些无聊枯燥的分析，这也没问题，能记住一点是一点。请试着把它们记下来，迟早有一天，你会彻底地参透它们的。到那个时候，你就不需要任何指导了，完全可以自己琢磨出许多甚至不输专业人士的理论或技巧来。

我们继续由深蹲进阶。

中阶版：拉力深蹲——让初学者都蹲得完美

1.双手置于胸部以下，跟肚脐差不多高度，握住一个固定的支点。

2.向后坐，上半身挺直（微微反弓，就是挺胸挺肚子的感觉），头部正视前方。双手拉住固定点防止自己向后摔。虽然叫拉力深蹲，但其实双臂不要使太多劲儿！只有自己要摔倒的时候，才稍微拽一下。

"为什么你不能向后坐？"

"因为腘绳肌力量不够，怕摔倒……"

"怕摔倒，你拽着点儿什么，稳定身体不就好了？"

拉力深蹲就是因为这样的想法而诞生的："如果我向后坐会摔倒，那我拽着点儿什么不就完了？"

> 在拉力深蹲的时候，谨记不要让双手承担过多的重量。

拉力深蹲只是你在深蹲之战中的第一步，可以说是一项新手任务。在这个动作中，我们是要训练更标准的深蹲姿势。在动作的最低点，我们可以稍微弹震一下（上下晃晃），此时头部挺直，保证自己的下背部是挺直反弓的，髋角折叠比较大（小腹贴近大腿），你会感觉自己的臀大肌有被拉伸的感觉——恭喜你，你已经走在胜利的路上啦！

拉力深蹲可以采用相对多的训练次数和组数。一般人在掌握动作后可以多做些，例如30个×5组，这样更有利于掌握姿势。也可以使用爆发力训练，比如到最低点时，以最快的速度弹起，这样可以让臀大肌更好地得到训练。

进阶版：面壁深蹲——检验你的姿势

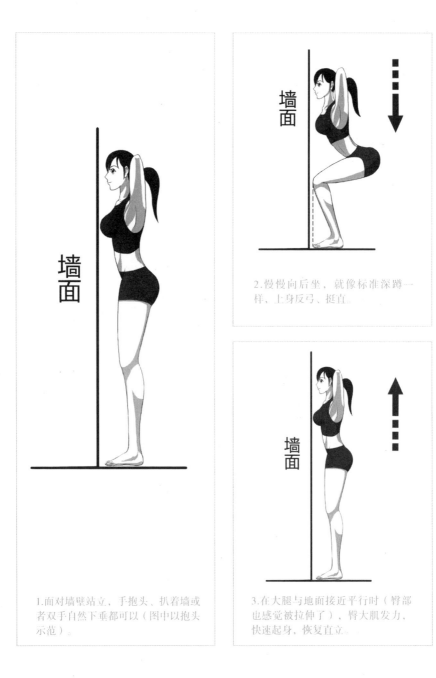

2.慢慢向后坐，就像标准深蹲一样，上身反弓、挺直。

1.面对墙壁站立，手抱头、扒着墙或者双手自然下垂都可以（图中以抱头示范）。

3.在大腿与地面接近平行时（臀部也感觉被拉伸了），臀大肌发力，快速起身，恢复直立。

当你已经熟练地掌握了拉力深蹲，或者感觉自己的训练水平不错了，你可以用面壁深蹲来检验一下。如果做不到，那就要考虑多做一些，因为面壁深蹲可以时时刻刻地让你做的姿势更加符合标准，让你的每次深蹲都更有效果。有什么比面前的一堵墙更能让自己想到该规规矩矩的呢？

我知道很多读者都喜欢在网上搜一些深蹲的动态图照着做，但根据我的经验，很多动态图都是错误的（比如右图），为什么呢？你仔细观察就会发现：当你蹲到最底下的时候，你的腰部整个都塌了。这种姿势会让骨盆和脊椎处于不正确的位置。如果你是按照这种方式负重深蹲，光是想象一下，你就能够明白，"咔嚓"一声，你的腰部就会断了……就算是徒手深蹲，这样也会让你的臀大肌发不上力。

面壁深蹲一定要着重注意背部反弓、挺直。保证了这一点，深蹲姿势就一定是正确的。

如果你的动作感觉不太舒服，可以试试双手扶墙或者自然下垂，都是不会损失多少动作标准度的。

臀桥

这也是HIIT中我们介绍过的动作，当时只是简述了一下，现在，你可以详细看了。

为什么这个动作如此针对臀部呢？

以前我们就曾经把训练动作分为基础动作、安全动作和针对动作，该动作算是训练中的针对动作。

在该动作中，除了髋关节，其他关节没有明显的运动，所以呢，它是一个针对动作。针对动作的意思就是说：除了你想要训练的部位，不会对其他部位产生影响，这就是做臀桥不会粗腿的缘故。

但是，已经有脊椎问题的朋友，请遵医嘱，毕竟每人情况不同。

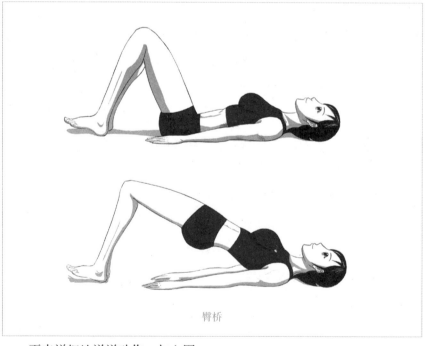

臀桥

再来详细地说说动作，如上图：

仰卧躺下，屈膝，双脚分开一点儿；

臀部收紧向上发力，感觉只有髋关节在移动，也就是"伸胯"；

顶峰收缩一下，也就是静止一小会儿，感受臀部的收紧；

臀部发力缓缓下放，做离心收缩。

训练的要点：

臀部单独发力，其他地方不要发力或借力；

把髋关节即刻伸直，不必强求背部弯曲，下背部不要太紧张。

如果是自重训练（不是HIIT哟），那么一组做10~20个，每次3组就可以了。最好是双腿3组，单腿3组，一周2次，安排在臀部或下肢训练的日子。

如果觉得掌握要领了，还可以做单腿的臀桥，这样可以有效训练到臀中肌，进一步提拉曲线。

如果你能轻松做到30个以上，你就该进阶了，你可以将杠铃或小杠铃片放置在小腹上，这样会对臀部产生负荷。也可以做一些变形，时常改变角度（上身放在健身凳上或脚放在健身凳上），多方位、全角度刺激臀部发展。

罗马尼亚硬拉

如果让我推荐一份雕塑体形的最佳训练计划，这份计划一定会包括罗马尼亚硬拉。

像深蹲一样，硬拉训练了全身数百块肌肉，其中几乎包括所有的大肌群，以及平时你训练不到的很多重要小肌群。硬拉不仅会比日常训练消耗更多脂肪，同时也高效地雕塑了你的体形。

A   B

罗马尼亚硬拉

为什么罗马尼亚硬拉是雕塑体形的首选？

罗马尼亚硬拉最主要的运动关节是髋关节（胯），其次是膝关节，主要的训练部位是臀大肌、臀中肌、下背部肌群、腿后部肌群，而且是这些肌群的最佳训练动作之一，而这些肌群恰恰是对体形雕塑最重要、最快速见效的肌群。

罗马尼亚硬拉中，大腿前部的股四头肌参与比较少，可以避免把腿练粗。

而且，腿后部腘绳肌则是运动过程中最容易受伤的肌群，下背部肌群则是日常生活中最容易受伤的肌群之一（也就是闪腰），这两个地方多加训练，可以避免很多不必要的受伤。

罗马尼亚硬拉可以用杠铃、哑铃或其他负重（如壶铃、弹力带等）训练，训练方法相类似。

罗马尼亚硬拉的杠铃或哑铃位置从小腿中部开始，不需要完全放到地面上。

同时，背部如所有动作一样，要反弓绷紧，否则极容易受伤。

罗马尼亚硬拉可以从地上开始，拉到直立然后放下（B开始、A结束），也可以从直立开始，缓缓放下再拉起（A开始、B结束）。

我们按从A到B的顺序说，从B到A的方法和要点与之类似，不过，要先从离心收缩开始。

首先，双脚分开，大概与肩同宽，膝关节稍稍弯曲（幅度不要太大），髋关节向后折叠，感受到臀部肌群被拉伸。这个动作叫作髋关节折叠，一定要掌握，因为这是臀部的发力方式。

双手握住杠铃。（可以正握也可以反握，负重最大的方式是一手正握一手反握，比较稳定。）

可以使用四指握与助力带，这样可以避免手臂力竭与重心转移。

杠铃或哑铃要贴小腿，否则，下背部腰椎会受到不正常的压力。

反弓后背，绷紧核心肌群，收紧臀部，提铃拉起。

整个过程中，膝关节不要锁死，不要彻底伸直膝盖，要微微有些弯曲。

请注意，整个提拉过程中，重心都放在后面的臀部上，要控制好重心，不能太向前。在提拉时，可以想象自己有一根尾巴，尾巴直直冲天而去，这样有助于你保持骨盆和胯部的位置正确。

总结一下要点：

1.下面的杠铃最多到小腿中部。手、脚间距与肩同宽。杠铃不要距离身体太远，否则下背部容易受力较大。

2.髋关节折叠、弯曲。膝关节几乎不变，改变角度很小。这样才能练到臀而不是腿。

3.重心向后、背部反弓、尾巴向天。

4.靠臀发力，膝关节不要锁死。

5.避免爆发力、极速运动，防止受伤。

掌握了这些动作，翘臀就不再是难事啦。现在就开始吧，一点一点，直到你的臀部完美为止。

三、私藏的性感腹肌
——身体视觉上最亮丽的风景线

你的腹肌不是光靠腹部锻炼就能练出来的！

仰卧起坐并不是最好的腹肌运动！！

腹肌不是一定能够有八块！！！

腰部、臀部和胸部是分不开的整体。细腰、翘臀、丰胸，一直是身体视觉上最重要的组成部分。各种巧克力腹肌、马甲线、人鱼线、川字腹肌，已经构成了现在网络健身领域的"晒资"和亮丽的风景。

合适的腰臀比是女性完美身材的标志。一般认为，WHR值在0.7左右的女性比较吸引人。从进化心理学的角度来说，女性腰臀比之所以这么吸引人，与其生育潜力和多产性（可生育后代的数量多）有关。育龄女性比非育龄女性的WHR值更低（青春期前的小女孩没屁股，年长一些的女性则没有了腰）。已婚女性中，不孕或怀孕困难也和WHR呈正相关。[14]

这个可能和人类特有的生理结构有关系，相比其他哺乳动物，人类有一个很大的头部。所以，在分娩时，骨盆较大的女性可能会分娩得比较顺利，有生殖优势。而腰部较细则代表了有比较健康的体脂含量。

胸腰比（waist-to-chest ratio，WCR）则是男性非常重要的身材标志。调查显示，越是现代化、都市化的地区，胸腰比就显得越为重要。看来，城市的现代女性都喜欢有胸肌和腹肌的男士[15]，而不再推崇以前人们认为的象征权力与气势的将军肚、啤酒肚。

为什么腰围和美感有这么紧密的关系呢？也许是因为腰围越小的人越健康。很多研究都发现，腰围的大小和高血糖、高血脂等多种代谢综合征有直接的关系。[16]

对于很多爱好体育运动的朋友来说，腰腹部的肌群不仅象征着健康、美观，还可以提升很多运动的表现。在现代运动理论中，腰腹部的核心肌群作为动力链的传导系统，起着非常重要的作用。[17]可以说，腿部是力量的来源，手部是精密的输出，而腰腹，就是一切的枢纽了。

腹肌锻炼的误区

首先普及一下腹肌的知识，也消除大家关于腹肌锻炼的几个误区。

误区1：你的腹肌不是光靠腹部锻炼就能练出来的！

很多人为了拥有清晰可见的腹肌，每天都努力地在家做着各种腹部锻炼：转着呼啦圈、做着仰卧起坐，低头却始终可以看到自己肚子上的一圈肥肉……是他们的腹部训练做错了吗？

真相是，腹肌显现与否主要不是由腹部锻炼来决定的。无论你做了多少仰卧起坐、卷腹，当你的体脂含量不够低时，腹肌永远出不来！

回忆一下我们在影视节目和赛事里见过的大力士或者举重运动员，虽然他们都是大块头，长得无比结实，但是腹肌反而没有家门口一些精瘦的搬砖小哥来得清晰。造成这种反差的原因是力量运动员没有普通百姓练得好吗？当然不是，体脂含量才是造成这种差异的关键！一般来说，力量运动员由于日常需要保持最强的力量，所以需要保有一定的脂肪；而搬砖小哥的日常工作以高强度的有氧运动为主，再加上绝大多数情况下营养供给不能及时跟上，所以相应的体脂肪率就会低得多。腹肌训练主要以锻炼肌肉为主，但它并不能减去局部的肚子上的脂肪。所以，即使你练就了一身很强健的腹肌，当你的体脂含量比较高时，它也只能乖乖地被肥肉埋起来，而体脂低就意味着相应的皮下脂肪变得少了。想象一下你肚子底下的一层肥油被抽空，里面的腹肌自然就清晰可见了。

所以说，如果你的目标是清晰可见的腹肌，你的首选应该是运动减脂，而不是腹肌的专项训练。而对于腹部脂肪的粉碎，目前最有效的是高强度间歇有氧训练，即HIIT。

既然提到了体脂，就不得不再提一下，对于男性来讲，八块腹肌代表着健康的体脂含量。而对于女性来讲，如果你的腹肌清晰可见，你就可能面临许多内分泌方面的问题。因为女性健康的体脂含量范围是20%~30%，在这个区间内，是不可能清晰地看到八块腹肌的出现的。问题是，如果女性的体脂含量太低，就会非常容易引发月经失调等生理问题，所以大家要自己衡量一下利弊了。

误区2：仰卧起坐并不是最好的腹肌运动！！

有实验证明，平时我们学习的仰卧起坐，很容易在锻炼过程中借助背阔肌等肌肉的力量，对腹肌的刺激并不是非常明显。而且，很多人在做仰卧起坐的时候都遇到过脖子疼的问题，所以我们先来聊一聊，为什么做仰卧起坐会导致脖子疼？

首先来看一下人类颈椎的图片：

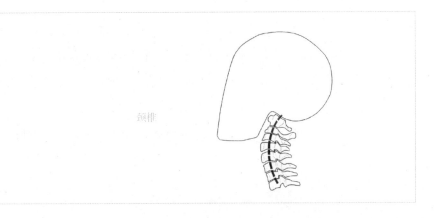

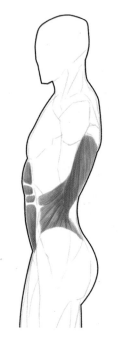

腹肌和背阔肌的位置

从图中可以看到，人类的颈椎天生就有一个向后弯的弧度，这是正常的情况。而当你在做仰卧起坐这个动作时，一般情况下，绝大多数的人都会抱头，也就是以手拉动头部以带动上半身，这种姿势就会使颈椎处于一个很不健康的非正常姿势，简单来讲，就是你把颈椎使劲儿往前掰了！颈椎变成一个很不自然的病态弧度，自然就会出现脖子疼的问题了。

这其中还是跟背阔肌有关。背阔肌的作用主要是伸展、内收和内旋肱骨。那么，当肱骨发力，也即大臂处于过头位的时候，背阔肌就会拉动大臂，从而导致大臂带动小臂，小臂再带动手，然后手拉头，头再带动脖子，这一连串的反应就会导致脖子疼。

当然，也有一部分人不用手抱头，但是脖子还是会疼，这又是什么原因呢？因为他们也使劲儿抻脖子了，所有颈椎位置的不自然改变都会导致脖子疼痛。

既然他们并不用手拉动头部，带动上半身，为什么还要探头呢？这就涉及初中物理讲过的杠杆原理了：把头往身子贴近，就能缩短阻力臂的距离。通俗点儿讲，就是为了能省力一些。

所以，出现过脖子痛的朋友在做这些动作的

时候，一定要注意脖子的位置，别让自己的颈椎
超过正常位置太多。

误区3：腹肌不是一定能够有八块！！！

腹肌的形状是天生的生理结构导致的，事
实上，腹肌的形状取决于腹直肌的腱划，但是腱
划并不总是水平对称的，甚至有可能呈锯齿状。
另外，腱划的数量也并非固定不变，通常每侧为
3~4个，所以如果腹肌长得不对称，也不是靠后
天训练就能纠正和改变的。当然，好消息是，奥
运冠军林丹、奥林匹亚先生乔·卡特、帅哥明星
吴尊等，他们的腹肌都不对称，一样自信大方地
展露腹肌。你还怕什么？

那么，腹肌有什么作用呢？

这里，就要说到核心肌群的重要性了。

腹肌最大的作用是为了好看？当然不是！尽
管棱角分明的腹肌的确能让腹部显得更美观，据
调查，有形状的腹肌还可以大大增加异性对自己
的好感，但是总的来说，

> **腹肌真正的作用
> 是它是整个身体
> 的一条传承轴。**

简单来说，"抽击类"运动，就是网球、
排球、拳击等有强大力量输出的运动，力量都
来自腿，而腿部的力量必须经过强大而有力的

腰腹核心才能传输到灵活的手臂。所以，强大的腰腹核心是决定运动水平的关键。

　　从生理学的角度来看，腹肌和腰椎起着相辅相成的作用，腰椎的好坏有相当一部分由腹肌来决定，强劲有力的腹部肌群可以使身体更加稳定，从而预防受伤；而相对的，软弱无力的腹部肌肉会大大增加腰酸背痛的概率。所以，对抗这种腰痛，最有效的方法就是加强腹肌的力量。腰痛不是腰部的竖脊肌等肌肉力量太弱，恰恰相反，是因为腹肌部分的力量太弱，从而使身体过于依靠腰背的竖脊肌、最长肌等。所以，合理的腹部核心训练是最好的对抗腰痛的训练方式。

总结一下，腰腹核心训练主要有以下几个重要作用：

　　1.增加脊柱和骨盆的稳定性。

　　2.腰腹核心的力量强，能更好地提高身体的控制能力和平衡能力。

　　3.提高运动中上下肢体和动作之间的协调能力和运动效率。

　　4.稳定的腰腹核心能预防运动和日常生活中的一些损伤。

　　因此，不夸张地说，腰腹核心是在任何运动中争取更好的表现的基础！

如何锻炼腹肌？

　　虽然上面为大家解释过清晰可见的腹肌主要靠减少腹部脂肪，但是腹肌的形态、美感、样貌很大程度上还是依靠腹肌的训练。而且，腰腹部核心肌群的训练也会对其他运动带来意想不到的好处。

　　核心肌群的训练多种多样，下面为大家介绍对于一般训练者来说，最为有效的三个动作：平板支撑、十字挺身和反向卷腹。

平板支撑

　　平板支撑作为效果最好的入门性核心肌群训练，经常被称为核心肌群训练的最强动作。你能在这个动作中练到你能想到的几乎所有的核心肌群。练好这个动作，你几乎不会再因为久坐而腰酸背痛，也不会因为容易闪腰而苦恼了。

　　不过，平板支撑的好处和训练方式有各种版本，今天我们就来讲一讲，平板支撑为什么好以及到底存不存在最标准的平板支撑这一热门话题吧。

　　记得第一次接触平板支撑这个动作时，我刚开始健身训练不久。从那时起，我就在追寻最标准的平板支撑，到现在，健身十年了，我越做越发现，根本就没有所谓最标准的平板支撑。

　　为什么呢？这就像禅宗行思和尚说的："参禅之初，看山是山，看水是水；禅有悟时，看山不是山，看水不是水；禅中彻悟，看山仍然山，看水仍然水。"

　　一开始锻炼，我一直在追寻最标准的平板支撑。后来，自以为找到了标准的平板支撑。到现在，感觉平板支撑怎么做都有它的道理，都能达到不同的目的。

正如上面提到的，平板支撑几乎可以训练到所有的核心肌群，甚至在核心肌群不稳定的时候也可以使其得到很好的训练，而且平板支撑非常安全。总结而言，无论你做平板支撑时采取什么姿势，都有一个目标核心肌群在被重点训练。

也就是说，如果你的腹部微微拱起，像在做卷腹一样，那么腹直肌等就会得到很好的锻炼。

如果你的下背部发力绷住，你的下背部核心肌群和脊柱旁的深层肌群就会得到很好的训练。

如果你重心向后移，放在脚尖，你的大腿前部和内侧肌群会主要发力。

如果你把重心放在前面，不但手臂肌群发力，而且肩袖四肌、前锯肌等也会参与。

…………

所以，在做平板支撑的时候，如果你没有特别鲜明的目的，只需撑住，顺其自然。撑不住的时候，左晃晃、右晃晃、前晃晃、后晃晃、弓下背等等，都不要紧，所有的核心肌群都还是会得到很好的锻炼的。

当然，一些基本要点还是要注意的。比如，无论怎么变化姿势，核心肌群都要保持绷紧、出力的状态。如果你的腰部塌下去，下背部又不出力绷紧，就可能受伤或劳损。训练过程中，有些动作不熟悉就慢慢来，循序渐进是最重要的。

说了这么多，可是平板支撑为什么好？一句话，如果只是训练核心肌群的力量，那么练这个动作就对了。为什么呢？听我细细道来。

首先，平板支撑几乎可以覆盖所有的核心肌群，包括腹部的腹肌、腹内外斜肌，大腿的正面、内侧肌群等，甚至身体深层的肌群，如髋关节附近的肌肉，也可以训练到。

核心肌群对于一般人的作用，就像前文提到的，最重要的是它带来的稳定性。也就是说，核心肌群可以控制骨盆和躯干部位，使之处于稳定姿态。这个稳定，不光可以为运动时的上下肢活动创造最佳支点，协调上下肢发力，还可以保护脊椎不产生畸形形变、神经无损伤。[18]

而平板支撑不光要支撑，还要维持一个相对稳定的姿态。这时，很多深层稳定肌就会启动，比如躯干后部的多裂肌等，当身体不稳定的时候，这些深层的肌群将被激活、募集，从而得到很好的训练。[19]

所以，总的来说，平板支撑不但非常好地训练到了几乎所有核心区域的肌群，而且很好地兼顾了稳定和不稳定的训练。

其次，从动作的角度来看，平板支撑也绝对是一项安全、无器械、老少皆宜、上手容易的居家健身必备动作。

在平板支撑中，没有太大的动作和冲击，不会让身体脱离控制。平板支撑的动作也没有让躯干等部位扭曲得太厉害，而其他一些动作，比如瑜伽的很多动作，都很容易伤害到脊椎。所以无论是谁，无论有没有运动基础，平板支撑都可以轻轻松松地做十几秒，如果真的有心锻炼，慢慢做，循序渐进，可以非常安全地增强体质，提高生活质量。

怎么安排平板支撑训练？

如上文所述，平板支撑的门槛很低，任何人都能做到，只不过差距在于时间的长短。而核心肌群的训练，循序渐进的话，进步会非常快。所以，在日常训练中多加入平板支撑，会让你杜绝腰痛的烦恼。

至于平板支撑在什么时候做比较好，这个问题不需要太纠结，平板支撑训练可以放在传统力量训练前，也可以放在其后。放在力量训练前可以

增加核心肌群的募集，提高力量训练的训练效果
（但不要过劳，做1～3组就可以）。放在传统力
量训练后，则对核心肌群的耐力指标训练效果更
佳（多练几次，3～5组）。

当然，如果时常有所改变会更好。[20]

> **如果是有氧训练，我一般建议把平板支撑放在训练前。**

卷腹

之前讲解了错误的仰卧起坐导致的脖子疼问
题，肯定会有人忍不住问：那么正确的仰卧起坐
该怎么做呢？

如果是训练腹肌的话，我推荐用不抱头的卷
腹，双手可以放在身侧或者胸前，当然，放胸前
也不能完全排除其他肌群的帮助。如果觉得自己
的腹肌力量不足，不能单独发力带动身体，也可
以把手放在耳侧，这样至少很大一部分上身的负
重就被背阔肌承担了，动作会容易得多。

事实上，腹肌并非十分有力的肌群，对于普
通人来说，能单独做卷腹，不用背阔肌发力就已
经非常不错了。所以，一开始训练，我还是比较
推荐用手扶着耳朵的方式。

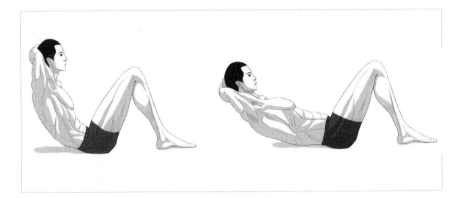

动作介绍：

又是一个HIIT动作，之前我并没有非常仔细地讲，现在必须要说明了：

卷腹的重点是卷腹！简单来讲，是要看到腹肌弯曲。绝对不要为了让上身起来，背部直挺挺地把自己拽起来！宁可不完全起身，也要保证腹肌的发力和蜷曲！

十字挺身

讲完了正确的卷腹姿势之后，我们再来聊一聊日常生活中最常见到的核心部位运动损伤——闪腰！

闪腰，在欧美国家又叫"魔女的一击"。相信闪过腰的同学都知道那是一种什么感觉，伤处肌肉迅速抽动、痉挛，拉动脊椎变形，带来严重的烧灼感和撞击痛感……最严重时，还会导致半身不遂！不要以为这是夸张的修辞手法，事实上，问题就是这么严重！人类脊椎里的神经超多，几乎掌管了全身，哪里断了，就在哪里瘫痪。

那么，哪些日常动作最容易导致闪腰呢？

答案就是——弯腰去地上拉重物！

听起来是不是觉得这完全是日常生活中大家最常见的动作？为什么这种动作会对腰部有那么大的损害呢？在回答这个问题之前，先请各位仔细观察一下人类脊椎的正确位置。

如图所示，人类脊椎的正常姿势是略略反弓、尾骨向天。所以如果弯腰去地上拉重物，一定需要背部几个维持脊椎正常姿势的肌群来收缩发力。但是实际情况是，这几个肌群根本没有完成这个动作所需要的力气，这就好比靠背部的几个竖脊肌等肌肉发力完成硬拉、深蹲、搬东西等动作，结局一定会死得很难看。所以，一般运动员下背部肌肉的训练重量，比如负重躬身，都会比深蹲硬拉轻100公斤左右。

所以，在日常生活中，当遇到搬运重物等需要背部肌肉力量来完成的事情时，请牢记：一定要先蹲下，背反弓挺直，让背部肌肉绷住，保持等长收缩（等长收缩比普通的缩短收缩力量大很多），然后再用腿的力量把重物从地上抬起来。此时切记你的后背和上肢都是不改变位置的，否则非常容易导致受伤。

背挺直，略反弓，除了是日常生活搬运重物的法则外，也是几乎一切需要传导爆发力的运动的躯干基础姿势，因为这个姿势最容易把下肢强大的爆发力忠实地传导给灵活的上肢，比如篮球的防守和很多基础姿势。另外，下背部核心肌群

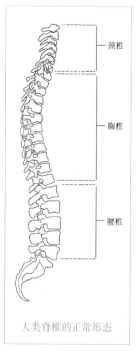

颈椎

胸椎

腰椎

人类脊椎的正常形态

的训练对挺拔身姿也非常有效果！日常生活中，大多人坐在电脑前，弯腰驼背。但是若有一个强而有力的下背部核心肌群，可以让脊椎处于正确的姿态，就能很好地改善弯腰驼背的问题了！

说了这么多下背部核心肌群的重要性，接下来就是大家最关心的锻炼动作了，这个动作你们之前也见过，就是这个无器械、无场地限制、初学者也可以领会的下背部核心肌群训练动作——十字挺身！

动作介绍：

趴在地上，两手向前伸直；

左腿和右臂同时向上抬起，直到感觉下背部收缩拉紧（别太勉强）；

保持上面的姿势不动，数1、2、3，静待3秒；

放下左腿和右臂，换右腿和左臂做相同的姿势，静待3秒；

一般每组动作，左右手各做20次，每次做3～5组就可以了。这个动作虽然比较初级，但是可以让初学者很快找到下背部几个肌群发力和收缩的感觉，同时还可以矫正身姿，避免弯腰驼背！

如果和平板支撑一起训练的话，效果会更好。

反向卷腹

在介绍完平板支撑、十字挺身对锻炼核心肌群能力、预防闪腰的好处后，我接着为各位说说核心与骨盆前倾的关系。

什么是骨盆前倾？

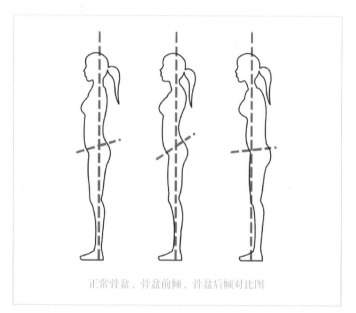

正常骨盆、骨盆前倾、骨盆后倾对比图

总的来说，骨盆前倾是一种骨盆位置不正确的病态现象。如图片里面显示的，比起正常人，前倾者的骨盆位置稍稍前移一些。大家也可以根据图片来判断一下自己的骨盆位置是否正确。一般而言，如果小腹前凸，腰椎前凸，那可能就有一点儿骨盆前倾的症状了。

骨盆前倾者并不算特别常见。不过，对于穿高跟鞋比较多的女士和训练动作有问题的健美者来说，由于平日里一些习惯性的错误体姿，骨盆前倾的可能性反而会比较大。

那么骨盆前倾对生活有什么影响呢？事实上，骨盆前倾容易导致一系列问题，除了会让体形显得难看，比如小腹前凸等，严重时还会压迫内脏，导致肌肉萎缩、骨骼畸变等后果。所以，如果你意识到自己有骨盆前倾的问题，就一定要从现在开始多加重视。

为什么会导致骨盆前倾?

骨盆前倾的一个重要原因是腰椎前后肌力的不平衡。[21]人的脊椎前后有很多肌群相互牵扯、拉拽，这就会造成这样一种情况：当那些把腰椎向后拉的肌群（比如竖脊肌等）处于持续紧张和发力状态，那些把腰椎向前拉的肌群（比如腹直肌等）却力量不足，没有相应的牵制能力时，肌群间的拉拽就出现平衡失调，从而很容易导致骨盆前倾的问题。

很多人在训练臀部的过程中，都有过练习完臀桥后，后腰感到紧张与疼痛的经历。如果你做臀部训练的时候也常常感到后腰疼痛，那么你就要小心了。导致后腰疼痛的主要原因一般是下腰部的竖脊肌出现了过早的激活，而臀部激活延迟，其实是一种肌激活错误的表现。倘若下腰部的竖脊肌和一些深层肌群经常被错误激活、持续紧张，最后就很容易导致骨盆前倾，所以在臀部训练中，务必注意念动一致，仔细感受臀大肌的发力，让臀大肌被正确激活！

除此以外，如上面提到的，如果把腰椎向前拉拽的肌群不给力，从而导致肌力不平衡，也会相应地引起骨盆前倾。所以，我们要好好练习腹肌和一些核心深层肌群！下面我就为大家介绍一个腹肌训练兼预防治疗骨盆前倾的动作——反向卷腹！

　　反向卷腹可以有效地防止骨盆前倾，同时，这个动作还可以有效地训练到下腹部的几块腹肌。如果你一直苦恼自己的腹肌形状不够美，下腹不够清晰，你就可以尝试把这个动作加进自己的训练计划中。

反向卷腹

　　开始动作：平躺在地板或垫子上，膝盖弯曲或者保持直腿都可以，双手可以放置在脑后，也可以抓住健身凳或床沿支撑。

　　动作过程：使用腹肌的力量蜷曲身体，慢慢将大腿拉近身体，直至下腰部离开地面，然后慢慢放下。重复动作。

　　动作要点：反向卷腹的重点不是大腿的运动，而是用腹肌带动躯干的蜷曲。因此，在动作过程中一定不要使用惯性摆腿，尽量使用腹肌的力量来控制动作。事实上，你可以尝试着不改变大腿与身体的角度，这样腿和髂等肌群就不用发力了，保持腿和躯干的夹角几乎不动，到最后下背部离开地面时，你就能很好地感受到你的核心肌群在发力蜷曲。

　　正如上面提到的，这个动作能有效地锻炼到腹肌和一些深层肌群，不仅可以超有效地防止骨盆前倾，而且可以极大地美化下腹和小腹。建议一般的训练者，一组做10～20个，每天做3～5组为宜。

腹肌训练的要点

腹肌训练不同于其他肌群，你可以经常练，也不必把它放在第一组当作训练的重点。最好的办法是把腹肌放到力量训练之后，有氧训练之前。一般一周训练3～5次即可。因为腹肌是极耐疲劳的红肌，所以不需要非常长的两三天的休息时间，很多健美运动员和靠身材吃饭的明星也是天天训练腹肌的。

除了上面介绍过的三个强化腹肌的训练动作外，在腹肌训练过程中，我们还要注意以下三点：

1.在做腹肌动作时，速度越快、频率越高，腹直肌、腹外斜肌、竖脊肌表面肌电均方根振幅越大，肌肉活动越激烈。

2.做腹部训练时，保持腹肌紧绷，向外推挤肚脐。在卷腹的时候，试着缩短胸腔底部和腹股沟之间的距离；同时，注意让肋部向下和向内运动。研究报告说，这种改良的卷腹训练能更有效地刺激腹直肌。

3.腹外和腹内斜肌可以完全卷起腹肌，使得肚脐朝向地板方向；保持腹肌紧绷；在卷腹时，注意让胸腔保持向前的力量。

需要另外指出的是，有不少人在经过一段时间的腹肌训练之后，虽然腹肌有了一些形状，腰围却变粗了。

为什么腹肌训练反而会练粗腰围呢？那就要说说"人鱼线"这个话题了。

著名画家达·芬奇在《绘画论》中就提到过：人鱼线是美和性感的指标！那么什么是人鱼线呢？

人鱼线是指腹部两侧接近骨盆上方的"V"字形肌肉，因为形似人鱼下部的两条线，所以被大家形象地描绘为人鱼线。

这块肌肉在解剖学上叫作腹内斜肌和腹外斜肌。腹内外斜肌的主要功能是负责人体脊柱左右回旋或者脊柱前屈，它不同于腹直肌，具有比较强的围度生长潜力。这就意味着，六块或者八块腹肌是不太会因为大重量训练而练粗腰围的，但是如果你有针对性地、大重量地训练腹内外斜肌，是可以把腰围练得很粗的，这在一般情况下并不符合日常的审美。

所以，人鱼线虽然是一个很性感的身体特征，但请注意，我个人建议普通人不要刻意练习腹内外斜肌，因为锻炼人鱼线很有可能首先导致腰围变粗，而通常从视觉上来看，大家更喜欢"T"字形或者"X"形错落有致的身材，而并非桶状的"H"形身材。

当然，人鱼线确实比较性感，如果你真的很想拥有人鱼线，最好采用控制体脂的方式显露。不要为了强求人鱼线练粗了腰围，那样反而会让自己的体形受到影响。

那如何在日常的腹肌训练过程中避免练粗腰呢？

一般来说，通过平板支撑和其他一些日常负重训练，比如深蹲等，腹内外斜肌就会有比较好的刺激了。所以，除了专业运动员或有特别需求的人，一般健身者没有必要特意负重训练腹内外斜肌。同时，为了避免腰粗，我们做大重量训练的时候，最好带上力量举腰带，这样能够减少腹内外斜肌的发力，还可以有效防止运动中的受伤。

至于一些自重型的腹内外斜肌训练，一般对腰围的影响不会太大，如果你真的特别喜欢人鱼线，你就练两组吧，但是记住不要太针对这个部位。

四、挺拔而有气质的肩膀——成为衣架的关键

肩膀作为人体的"横梁",直接决定了身体横向发展的空间。
一般而言,肩部的空间越宽阔,体格发展的潜力就越大,
也就越能使人显得出类拔萃。

肩背的构成相对复杂,但绝对是人体上的重要肌群。虽然在健身训练中,肩和背有时是分开训练的,但实际上,肩和背有着密不可分的关系。

⊙1.肩部肌肉的构成

从视觉上说,肩和背都是能从整体视觉上给人以曲线和轮廓观感的部位。男性练习肩部的三角肌中束、后束,可以让整个身形产生宽阔、威武的感觉。而训练背阔肌,则能让男性有一个厚实的背脊,让女性有所依靠。

同时,背肌的很多肌肉作为核心肌群的重要组成部分,对矫正身姿、优美体态起着非常重要的作用。女性训练背肌,会显得挺拔、有气质。

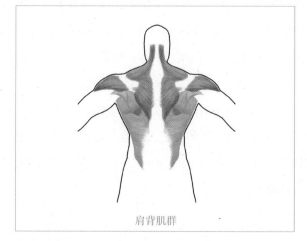

肩背肌群

另外，三角肌后束和上背部肩袖四肌，对很多肩关节疾病的矫正起着至关重要的作用。比如圆肩，就可以通过这些肌群的训练改善很多。另外，众所周知的肩部损伤，也可以通过加强肩袖四肌来预防。[22]

肩膀作为人体的"横梁"，直接决定了身体横向发展的空间。一般而言，肩部的空间越宽阔，体格发展的潜力就越大，也就越能使人显得出类拔萃。作为男性，结实的肩膀对整个体形的外观非常重要，肌肉隆起的肩膀如同自带垫肩的衣架，能把你的西装、夹克、运动套装撑起来，让你成为一个穿什么都有型的"衣架子"，还能更好地展现你的力量和体格。宽宽的肩膀、结实的肩部肌肉总能带给人威猛高大的感觉，所以，宽大的肩部一般都是"强劲有力"的象征。更重要的是，在一定程度上，肩膀越宽就显得你的腰越细，也就越接近女性喜欢的"倒三角"身材，所以宽肩也能使体形显得更加完美，在追求完美体形的过程中有着不可或缺的重要地位！

当然，强壮的肩部肌肉不是天生就有的，也不是说说就能有的，想要拥有女性最爱的宽宽的肩膀，首先要了解一下肩部肌肉的构成。

肩部肌肉主要由肩部三角肌构成。在几乎全部的手臂动作中，三角肌都起着传递躯干肌肉力量的作用。如果肩部肌肉比较薄弱，整个上半身都会显得相对薄弱一些，所以，练好肩部三角肌非常重要。从美学角度来讲，也是三角肌限定了肩宽，只有巨大饱满的三角肌才能支撑起理想中宽宽的肩膀，所以，练肩主要练的就是肩部三角肌。

但是，肩部三角肌虽然看上去是一块不大的肌群，却很麻烦。因为它不像胸肌那样是一块主要的肌群，不像臀部那样是两块，也不像核心区那样通过简单的训练就可以练到所有相关肌群。它分为三块肌肉，而且训练起来，这三块肌肉分别要求孤立的训练，只有这样，才能塑造出线条，在视觉上显得更好看。

来，让我们一起认识一下肩部三角肌：

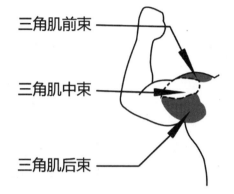

三角肌前束

三角肌中束

三角肌后束

如上图所示，肩部三角肌位于肩部，呈三角形，主要是能使双臂向各方向移动的单关节肌肉，构造上由三块肌肉构成：三角肌前束、三角肌中束、三角肌后束。从形状上看，三角肌中束大部分是羽状肌，前束和后束则多为梭形肌。对三角肌的塑造主要就是基于这三个部位。

再来说一下三角肌的特点和锻炼方式。总的来看，三角肌具有体积小、力量大、耐力差的特点，我们长时间地抬着胳膊会觉得酸痛无比就是这个原因，所以，高强度、大密度是最佳的三角肌锻炼模式。

再具体一点儿，通常来说，三角肌前束在卧推、俯卧撑等胸部肌群训练中能很好地被锻炼到，这里就不重复细说了，下面我们重点解说一下三角肌中束和三角肌后束的训练方式。

三角肌中束的训练方式——侧平举

开始之前，给大家介绍一下三角肌中束的作用。上面提到了男性身形的宽阔与否由三角肌决定，而三角肌中束作为长在身体最外侧的肌肉，具有很高的围度生长潜力。所以，有一定规模的三角肌中束，能像护肩甲一样，整体上撑起一个人的视觉感官。换句话说，三角肌中束是非常重要的视觉点，想象一下NBA里霍华德篮球大小的三角肌，是不是一下子就感受到了三角肌中束的重要性！对于普通人来说，练好三角肌中束，也能让人看起来一下子从"I"字形变成迷人的倒三角——"T"字形。

侧平举

那什么动作才能有效地感受并刺激三角肌中束呢？隆重推出：侧平举！

听上去是不是觉得太普通了？不要小看这个动作，由于肩部肌群力量大、耐力差的特点，大数量的侧平举能让你每次做完都感受到三角肌的爆裂。

介绍一下标准侧平举动作：

动作介绍：

1.双臂持哑铃、矿泉水瓶、弹力带、手柄等。注意，重量不要大！双臂关节微曲（关节不锁定，也就是不伸到最直不能动的状态，这样不容易受伤）。

2.缓缓抬起双臂，此时，不要耸肩，不要挺腰，不要屈腿伸腿（不要借助斜方肌、背肌、腿肌等肌肉的力量）。肘关节可以微微朝上，这样更容易找到三角肌中束发力的感觉。

3.缓缓地、有控制地下落！这也是寻找发力感觉的重要方式，更是塑造肌肉线条的重要一步。

这个动作的重点在于：要保证持续地发力，保证肌肉一直处于紧张状态，也就是说，在抬起手臂和下落的过程中，不要依靠惯性，而要用你的肌肉让手臂匀速地升降！

一般来说，采取中等重量，每组做12次左右，每回3组，这样比较适合肩部肌肉生长。和其他所有肌群的训练方式一样，如果能做到力竭，就可以更好地刺激肩部肌肉生长。当然，肩部力竭时会有强烈的烧灼感，请大家一定要一边想象着马上就能拥有的宽厚肩膀，一边努力咬牙坚持！

三角肌中束的本体感觉训练

侧平举是针对三角肌中束最为有效的动作之一，但是一开始训练的时候，很多人都不太容易找到三角肌中束的训练感觉，这个时候该怎么办呢？下面向大家隆重推出更能感受到三角肌中束发力的动作，也是近些年比较流行的本体感觉训练的一种。

动作的前两步和标准侧平举一样，但是重量可以比平时的重量再小一些。

动作介绍：

双臂持哑铃、矿泉水瓶、弹力带、手柄等。重量要比标准侧平举时更小一些！双臂关节微曲（关节不锁定）。

缓缓抬起双臂，此时，不要耸肩，不要挺腰，不要屈腿伸腿（不要借助斜方肌、背肌、腿肌等肌肉的力量）。肘关节可以微微朝上，这样更容易找到三角肌中束发力的感觉。

关键的步骤：左臂不动，继续抬着，做等长收缩，同时，右臂下落做单臂侧平举5次。然后右臂抬着，做左臂单臂侧平举5次。然后再换右臂做3次。以此类推，一侧不动，一侧做单臂侧平举，次数分别是5次、3次、2次、1次。此为1组。一共3组。

采用这种方法，能强烈体会到三角肌中束发力的感觉和酸痛感，帮助你更好地掌握三角肌中束的发力方式。温馨提示一下，一开始如果太疼，可以用很小的重量，但至少要找到中束发力的感觉。

三角肌后束的训练方式——俯身侧平举

讲完了三角肌中束，下面我们来了解一下三角肌后束。作为近几年国内外最被关注的肌群，无论从肩袖的健康上（后面会细讲）说，还是从形体的美观上说，三角肌后束都非常重要。

从形体角度来说，三角肌后束是整个身体的衣架和矫正器。一个人看着是否挺拔，是不是有精神气，肩部起着决定性作用。记得军训的时候，教官总是要求我们："站直！把肩打开！"这个把肩打开的动作，很大程度上就要依赖三角肌后束。对于很多女性来说，圆肩，也就是常见的"含胸"，是大家非常头疼的问题。因为圆肩常常伴随着蝴蝶袖和驼背，不但会让人显得很没有气质，向前弯曲的肩部还会显得背部宽大，让人看上去显得臃肿累赘，老了好几岁。事实上，圆肩问题属于一种肌肉不平衡的情况，这个问题多是不良的生活、工作习惯和缺乏运动导致的，而三角肌后束可以消除圆肩问题。因此，三角肌后束练好了，可以让整个肩部显得更加立体，整个人会显得更有气质。

另一方面，肩关节是日常生活中比较容易受伤的肌肉。我们大多数的爆发力动作，都需要把胳膊甩向前。为了保证肩关节的灵活程度，大臂的骨是轻轻地放在肩窝里的，剧烈而有爆发力的运动很容易导致肩关节拉伤或脱臼。但在爆发力运动时，三角肌可以作为拮抗肌控制肩部不受伤，所以，练好三角肌后束，就相当于为肩部多加了一个保护器。

俯身侧平举

讲了那么多锻炼三角肌后束的好处，下面为各位介绍一个可以有效锻炼到三角肌后束的居家训练方法——俯身侧平举，也叫俯身飞鸟。

俯身侧平举

动作介绍：

开始位置：两脚分开站立，与同肩宽，两手掌心相对持哑铃（掌心相对或者拳心相对都可以），上体向前屈至与地面平行，两腿稍屈，腰部挺直，眼向前看。

动作过程：两手持铃向两侧举起，直至上臂与肩部平行（也可以略微超过），稍微在最高处停顿片刻，然后匀速放下哑铃，还原到初始位置。

和侧平举一样，这个动作也采取中等重量，每组做12次左右，每回3组较适宜，能做到力竭就更棒了！

同样，找不到三角肌后束感觉的人，可以采用上面介绍过的本体感觉训练法：一只胳膊做单臂俯身侧平举，另一只胳膊做顶峰收缩，然后交替类推，分别做5次、3次、2次、1次。这样做完算一组，一共做3组。

动作重点：

腰部一定要挺直！想象着自己一边努力地往后面撅屁股，一边保持挺胸的状态，切记不要弓腰！

在持铃向两侧举起时，使肘和腕部稍微弯曲，不要锁定关节，你能更明显地感受到三角肌肌群的收缩。

在整个动作过程中，思想要集中在收缩的肌群上，这样能更好地调动和募集你的肌群。

⊙2.如何加强肩关节的稳定性

虽然上面给大家详细介绍了如何锻炼三角肌肌群的方法，但是一开始训练的时候，很多人可能还是不太容易找到三角肌中束和后束的训练感觉。原因主要有以下几点：

首先，由于三角肌本身就习惯一起发力，所以，针对性的练习最初难以募集到细化肌群。

其次，不少人想快点儿拥有健硕的大块肌肉，在训练中采用过大的重量。再加上三角肌本身就被胸、背、斜方等几块肌肉包围，在这样训练的过程中，为了完成超重负荷，三角肌一不留神就会借助腿、臂、斜方肌一起发力，忽忽悠悠、勉勉强强地举上来，导致根本无法有针对性地练习好中束和后束。更严重的后果是很可能导致受伤，因为肩部本身就是一个非常容易受伤的部位。

肩部的重要性

肩部在体育运动和日常生活中有着非常重要的作用。在许多技巧类的运动项目中，肩部肌肉直接影响着基本动作和关节的稳定发挥。有人曾把运动员的身体比喻成一条运动的链条——每一部分的运动都与整体息息相关，大肌群产生的能量转化为其他肌群的原动力，从头到脚，甚至每个手指尖都是相互联系的，腿部力量通过臀部、躯干、肩膀和手臂，最终到达双手。因此，整个链条的任何一个部分出现问题，都会导致体能损耗。而肩关节作为全身灵活性最好、稳定性最差的关节，是整个环节中最重要的一部分。偏偏肩关节的结构很特别，就像把一个网球放在高尔夫球的球座里。所以，肩关节是人们平时最常用、也容易受伤的关节。但最麻烦的是，肩关节一旦受伤，上肢训练就全部做不了，而且会面临着更多受伤的风险，日常生活也同样麻烦。所以，下面我们就来介绍一下，如何加强肩部关节的稳定性，保证肩关节不受伤。

肩袖四肌的结构

提到肩关节的稳定性，就要提一提肌力均衡这一话题了。目前对于肩关节旋转的肌力均衡性，学术界比较先锋的会用"拮抗肌离心峰力矩／原动肌向心峰力矩"来检测。[23]有理论认为，此比值大于1时，肩关节旋转的肌力均衡性会比较理想。

"原动肌""拮抗肌"，听上去是不是很高端、很复杂？其实很简单，给大家举个哑铃弯举时的例子，你就能明白两者的区别：当你做哑铃弯举向上举起的时候，肱二头肌（上头那一块）就是原动肌，它起着向心收缩，让手臂举起重物的作用。那么相对地，肱三头肌就是拮抗肌（下头那一块），它则起到放松伸长、离心收缩的作用，同样也是为了让手臂举起重物。

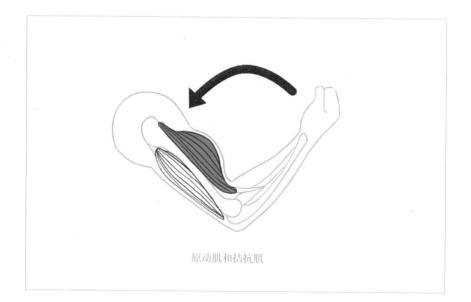

原动肌和拮抗肌

现在我们把位置挪到肩部，肩关节也是如此。一般的运动中，肩关节的原动肌有胸大肌、背阔肌、三角肌前中束等耳熟能详的超强肌肉，它们的作用通常是让肩关节内旋。什么是肩关节内旋呢？最典型的动作就是网球里的扣杀了（当然，这个动作肯定不只是内旋，感受一下扣杀时的肩部变化就行了）。而肩关节的拮抗肌则包括冈上肌、冈下肌、小圆肌、肩胛下肌，即传说中的肩袖四肌，它们则是起到让肩关节外旋或外展的作用。

如果大家记不住这些肌肉的名字，不要紧，记住肩袖就好了。为什么呢？因为从图中可以很明显地看到，这四块肌肉连接着肩部，就像绳子一样拴着它，也像肩部的袖子一样包裹着肩部，它们又叫肩胛旋转袖，所以简称"肩袖"。由于肩袖四肌对肩部的功能和稳定起着极其重要的作用，很多肩部疾病都和肩袖有着直接关系，所以这个地方出现问题是很麻烦的，一定要重视！

但是，肩袖四肌对抗的原动肌是背阔肌、胸大肌之类比较发达的肌群，还有大家平常喜欢多加锻炼的肌群。在这种情况下，很多运动中，如果我们的原动肌发力过强，拮抗肌的离心力量又小，就会导致肩关节发生撞击综合征（impingement syndrome）[24]，以及肩袖损伤（rotator cuff injury）[25]等问题。

所以，如果要减少肩袖肌群损伤，加强肩袖的稳定性，我们就要加强这些动作的拮抗肌，具体也就是冈上肌、冈下肌、小圆肌、肩胛下肌等肩袖"四侠"了！

如何加强肩袖四肌

加强肩袖的稳定性，简单来说，你只需要做肩关节外旋的运动。涉及肩关节外旋的主要动作有以下两个：L侧平举和握住杠铃的古巴推举（只有前半部分），事实上，这两个动作基本就是一个完整的肩关节外旋。

侧平举

动作介绍：

大臂小臂弯至90度，呈"L"形，手持哑铃，提至大臂与肩膀呈一条直线；

发力外旋肩关节，直到小臂与头部在一条直线上；

有控制地缓缓下放哑铃（超重要），重复以上动作。

训练计划：

L侧平举、俯身侧平举、杠铃、古巴推举，每个动作做8～10次为一组，每回做3组左右。

另外，增强三角肌后束也可以增强肩部的稳定性，因为它是管外展的，力量也不错。所以，像一些典型的肩关节外展动作，如三角肌后束锻炼、哑铃俯身侧平举等，都可以很好地锻炼到肩部。

小肌群的主要问题很容易成为大重量动作的短板，从而导致受伤。但是，由于这几块肌肉也不是特别大块、有力的肌肉，所以，你只要做一两个动作练习，别让它们成为你上肢动作的短板就行了。

五、纤细修长vs性感而有力量的胳膊
——拜拜了，拜拜肉

女性希望在夏天的时候穿上无袖背心或长裙，

露出纤细修长的胳膊，长裙飘飘地走过街头……

男性希望的是穿上T恤衫还能露出雄壮的肱二、肱三头肌，

让自己看上去性感而充满力量。

自从我健身以来，女性朋友最爱问的问题除了怎么瘦大腿，就是怎么瘦胳膊。她们希望在夏天的时候穿上无袖背心或长裙，露出纤细修长的胳膊，长裙飘飘地走过街头……

只可惜理想很丰满，现实很残酷。大部分女性都对自己的胳膊不满意，一举起来，下侧就会出现一团肥肉，像装满了水的气球一般，一动就晃荡。她们给这块肥肉取了一个很形象的名字——拜拜肉，意为挥手再见做出拜拜的动作时会颤动的一团肥肉。

其实手臂这个部位不仅是女性朋友在关心，男性朋友也很关心。女性想要变得纤细，男性则相反，想要变得粗壮。由于生理结构的不同，男性的胳膊不会像女性那么松软，但大部分男性的胳膊还是细瘦了一些，袖管里空荡荡的，显得很弱。男性希望的是穿上T恤衫还能露出雄壮的肱二、肱三头肌，让自己看上去性感而充满力量。

颈后臂屈伸

男性和女性对胳膊的需求看似不同，本质其实是相同的：

> 女性的拜拜肉是因为缺乏肌肉，不够紧实，才会松垮地晃来晃去；而男性希望的也是肌肉。

很多女性担心如果练了肌肉，胳膊会变得更粗壮，但我之前也说了，你就算想练得很大块也没那么容易，所以，根本不必担心你的胳膊会大到那个地步，你只需要把它练得更紧实，在"拜拜"的时候就不会晃荡了。

所以，针对拜拜肉和肱三头肌，我来介绍一个可以改善大臂的训练动作——颈后臂屈伸。动作很简单，在家就能练。相信很多人也都练习过，所以除了动作介绍，我还会谈到一些训练的细节和技巧。

颈后臂屈伸

动作要领：

　　1.手持重物，置于脑后。哑铃、水瓶、弹力带都可以。重量一定要轻，此动作重在雕塑形态，不宜重量太大，否则肘关节容易受伤。

　　2.在动作最低点的时候，要感觉到大臂后面是被拉伸的！这个拉伸感，是颈后臂屈伸作为雕塑手臂的入门动作优于其他动作的原因。拉伸，本来就可以使肌肉的力量和形态得到很好的增长。[26]

　　这个动作能让初学者比较全面地体会肱三头肌的发力感觉、拉伸感觉，并且能很有效地雕塑大臂的形态。

3.缓缓把重物上抬，直至手臂接近伸直。注意：是"接近"伸直！到最后，肘关节是不锁定的（如图示）。如果你最后把肘关节完全伸直，肌肉不会得到充分的训练，相反，重力会施加在关节与软骨上，可能会产生一点儿损伤。

4.把重物缓缓下放，一定要轻柔、缓慢。因为肘关节韧带比较容易受伤，过快的动作很容易导致冲击力损伤肘关节。

对动作熟悉后，也可以做一些单臂的颈后臂屈伸。初学者可以用另一只手辅助肘关节。

何时练？

颈后臂屈伸是小肌群的雕塑训练，最好放到大肌群训练以后。比如练完胸部、臀部的动作，再做颈后臂屈伸会好一些。如果没有事情做的时候，单独拿来训练也是可以的。

所以，最佳的训练时间是大肌群训练后，核心肌群和有氧训练前。手臂增肌需求强烈的男性同胞（有巨臂计划的），请将这个动作和肱二头肌的训练动作交替进行，因为肱三头肌和肱二头肌互为主动肌和拮抗肌。

练几次、几组？

最好先做一组轻重量的热身，因为该动作不热身，很可能会让肘关节受到损伤。女生朋友可以空手快速进行热身。在热身后，再做2～4组，每组8～12次。

六、匀称而性感的小腿——比腰围更显瘦的利器

小腿是比腰围更能显瘦的利器，

大部分身材好的明星，要么是穿着高跟鞋露出匀称的小腿，

要么穿着裤子挽起裤脚露出脚踝。

不用我说，你们也知道小腿的重要性，小腿是比腰围更能显瘦的利器，短短一截，已经足够性感。随便看几个街拍你就会发现，大部分身材好的明星，要么是穿着高跟鞋露出匀称的小腿，要么穿着裤子挽起裤脚露出脚踝。

不得不承认，拥有一双匀称而性感的小腿，穿着白球鞋走过校园，不仅男孩子会喜欢，很多女孩子也抗拒不了那种画面。好看的小腿不仅是指细，还要有一个微微的弧度。提到这个，就不得不先说一下很多人在刚接触健身塑形时的一个误解，即所谓的"肌肉小腿"。不少同学摸着自己的小腿，里面有硬硬的肌肉，就认为自己小腿看起来粗粗胖胖的原因是肌肉过多。但是，小腿形态不好看的原因，真的只是单纯肌肉过多吗?

小腿粗真的是因为小腿肌肉过于发达吗?

我们来细细分析一下这个情况:

首先，你为什么会肌肉过多? 绝大多数觉得自己小腿过于发达的人，其实身上并没有多少肌肉。那些嚷着自己小腿肌肉多的人士可能肚子摸起来软软的，手臂上还有一些颤颤巍巍的拜拜肉，大腿内侧也堆积着脂肪，那为什么只有小腿肌肉过多呢? 很多人解释说，因为小腿每天都在走路，

小腿肌肉会比较多地锻炼到，所以直接导致了肌肉过于发达。那么大腿呢？难道大腿每天动的次数不多吗？为什么大腿部位只能积攒起脂肪，练不出结实的肌肉线条呢？

其次，不知道你们有没有看过NBA的篮球明星，比如乔丹、麦克格雷迪等，他们是这个世界上小腿肌肉最为发达的一群人。但是你们注意到了吗？他们的小腿都非常细。虽然我们可以将部分原因解释为是基因导致的，却至少可以说明，小腿肌肉的发达与否，与小腿看起来是粗是细毫无关系。

小腿粗的原因——如何改善和调整小腿的形态？

如何才能通过运动方法，调整和雕塑小腿的形态呢？这就要从小腿肌肉的生理构成说起了。

决定小腿视觉效果的主要是小腿三头肌和肌腱。肌腱的长度是直接导致欧美人和亚洲人小腿视觉产生差异的原因。但是我很遗憾地告诉大家，小腿肌腱的起点和止点是天生的，后天能做出的改变比较小。虽然也有实验证明，通过训练可以改变肌腱的长度，但也有学者认为这是不可能的。所以，我们最好先不要把希望放在有争议的事情上。

虽然肌腱的长短后天能否改变存在争议，但通过训练可以改善和调整肌肉的形态，这一点是毋庸置疑的。

小腿三头肌是由两块肌肉构成，分别为腓肠肌和比目鱼肌。腓肠肌就是我们俗称的"小腿肚子"，一般人觉得自己的小腿很粗，主要是指自己的"腿肚子"比较粗壮，并且由于脂肪多，延展得比较靠下，导致小腿的最宽点下移，在视觉上更加容易造成小腿看上去短粗。

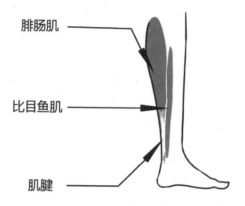

腓肠肌

比目鱼肌

肌腱

　　比目鱼肌则是一条扁平的肌肉，插在小腿的深层，视觉上可以起到拉高、拉长小腿的效果。但是大多数时候，我们平常人的小腿腓肠肌比较发达，比目鱼肌相对比较弱，这就导致了肌肉的发展不平衡，从而使得小腿看起来很粗壮。所以，如果我们能让小腿的比目鱼肌和腓肠肌在发展程度上取得平衡，并且紧实小腿，消除一些脂肪，小腿的整体视觉效果就会有明显的提拉，看起来就会瘦很多了。另外，如果比目鱼肌能发展，从侧面看小腿肚的时候，还会有淡淡的阴影和层次，视觉上也会更显瘦。

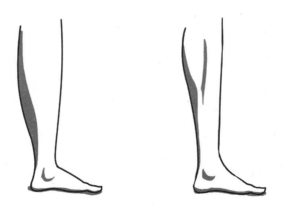

那为什么我们一般人的腓肠肌还可以，比目鱼肌就有些差呢？因为腓肠肌大多数时候都是在膝关节比较直的时候最能发挥自己的力量，而比目鱼肌则比较习惯在膝关节弯曲的时候发力。

仔细思考一下，这就是普通人日常的生活习惯。绝大多数情况下，你只是站立和走路时用到小腿，而此时膝关节都是处于比较直的状态，所以腓肠肌就会经常处于发力状态，从而导致腿肚子比较粗。而且，日常生活中习惯于站立和走路的人，相对于经常跑步跳跃的人，也更容易堆积脂肪。

而只有经常跑步、跳起时，膝关节才是处于弯曲状态的，这才是对小腿有美化作用的比目鱼肌在发力的时候。所以，你看那些NBA篮球明星，因为经常弹跳奔跑，小腿反而显得比较细。

所以，

> 如果你觉得你的小腿显得比较粗壮，那不是因为你的小腿肌肉过于发达，真实情况是你缺乏锻炼。

那么我们需要用什么样的训练动作解决这个问题呢？下面请出我们雕塑小腿的明星动作——坐姿提踵。

雕塑小腿的明星动作——坐姿提踵

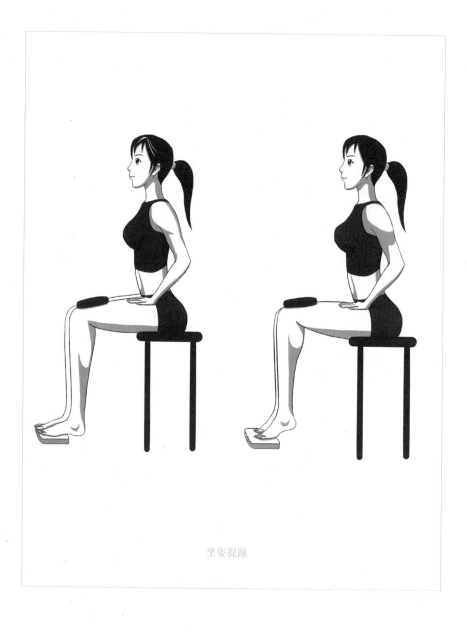

坐姿提踵

动作介绍：

    1.坐在椅子上，两脚前脚掌下垫着书或其他稳定的物品，主要是为了让脚跟能离地，小腿能有拉伸感。

    2.膝盖上压几个杠铃片、哑铃或者其他重物。

    3.尽可能提高后脚跟。提踵就是提起后脚跟的意思。

    4.重复以上动作。

动作要点：

    1.坐时一定要感觉到小腿被拉伸开。

    2.做该动作时可以选择比较快的速度，负重也可以选择较大的重量。小腿三头肌是和臀大肌并列的身体第二强壮肌肉，所以，不用担心力量过大而导致损伤。

    3.次数也可以比较多，在家训练重量一般不会太重。

    速度快的可以30～50次为一组，每回做3组。

注解

[1] Wildman, R. W., Wildman, R. W., Brown, A., & Trice, C. (1976). Note on males' and females' preferences for opposite-sex body parts, bust sizes, and bust-revealing clothing. Psychological Reports, 38(2), 485–486.

[2] Cornelissen, P. L., Hancock, P. J., Kiviniemi, V., George, H. R., & Tové e, M. J. (2009). Patterns of eye movements when male and female observers judge female attractiveness, body fat and waist-to-hip ratio. Evolution and Human Behavior, 30(6), 417–428.

[3] 杨绍仪. (2013). 俯卧撑动作上肢肌肉及胸肌工作特征的肌电研究 (Master's thesis, 宁波大学).

[4] 宋德海, &巢晓春. (2012). 力量训练方式发展研究. 贵州体育科技, (3), 50–54.

[5] Bompa, T. O., & Haff, G. (1999). Periodization: Theory and methodology of training. Champaign, IL: Human Kinetics.

[6] Adams, K., O'Shea, J. P., O'Shea, K. L., & Climstein, M. (1992). The effect of six weeks of squat, plyometric and squat-plyometric training on power production. The Journal of Strength & Conditioning Research, 6(1), 36–41.

[7] 张素杭. (2010). 不同姿势与不同负荷卧推动作的肌电特征分析 (Master's thesis, 天津体育学院).

[8] 刘晓威, &曲峰. (2007). 平板卧推力量训练动作的规范性探讨. 第八届全国体育科学大会论文摘要汇编 (二).

[9] Cotterman, M. L., Darby, L. A., & Skelly, W. A. (2005). Comparison of muscle force production using the Smith machine and free weights for bench press and squat exercises. The Journal of Strength & Conditioning Research, 19(1), 169–176.

[10] 刘晓威, &曲峰. (2007). 平板卧推力量训练动作的规范性探讨. 第八届全国体育科学大会论文摘要汇编 (二).

[11] Green, C. M., & Comfort, P. (2007). The affect of grip width on bench press performance and risk of injury. Strength & Conditioning Journal, 29(5), 10–14.

[12] 张素杭. (2010). 不同姿势与不同负荷卧推动作的肌电特征分析 (Master's thesis, 天津体育学院).

[13] Berry, D. S. (2000). Attractiveness, attraction, and sexual selection: Evolutionary perspectives on the form and function of physical attractiveness. Advances in Experimental Social Psychology, 32, 273–342.

[14] Berry, D. S. (2000). Attractiveness, attraction, and sexual selection: Evolutionary perspectives on the form and function of physical attractiveness. Advances in Experimental Social Psychology, 32, 273–342.

[15] Swami, V., & Tové e, M. J. (2005). Male physical attractiveness in Britain and Malaysia: A cross-cultural study. Body Image, 2(4), 383–393.

[16] Day, C. (2007). Metabolic syndrome, or what you will: definitions and epidemiology. Diabetes and Vascular Disease Research, 4(1), 32–38.

[17] Elliott, B. C., Marshall, R. N., & Noffal, G. J. (1995). Contributions of upper limb segment rotations during the power serve in tennis. Journal of Applied Biomechanics, 11, 433–442.

[18] 陈斌, &洪水棕. (1996). 椎体切除 ASF 内固定后脊柱稳定性的实验研究. 生物医学工程学杂志, 13(3), 245–248.

[19] Bogduk, N. (2005). Clinical anatomy of the lumbar spine and sacrum (4 ed.). Elsevier Health Sciences.

[20] 李月, &米靖. (2013). 核心力量训练在力量训练课中安排顺序的研究. 山东体育学院学报, 29(6), 94–99.

[21] Andersson, E. A., Ma, Z., & Thorstensson, A. (1998). Relative EMG levels in training exercises for abdominal and hip flexor muscles. Scandinavian Journal of Rehabilitation Medicine, 30(3), 175–183.

[22] 曹峰锐. (2013). "拮抗肌离心峰力矩/原动肌向心峰力矩" 在评定肩关节旋转肌群肌力平衡中的应用. 体育科学, 33(6), 85–91.

[23] 曹峰锐. (2013). "拮抗肌离心峰力矩/原动肌向心峰力矩" 在评定肩关节旋转肌群肌力平衡中的应用. 体育科学, 33(6), 85–91.

[24] Cowderoy, G. A., Lisle, D. A., & O'Connell, P. T. (2009). Overuse and impingement syndromes of the shoulder in the athlete. Magnetic Resonance Imaging Clinics of North America, 17(4), 577–593.

[25] Economopoulos, K. J., & Brockmeier, S. F. (2012). Rotator cuff tears in overhead athletes. Clinics in Sports Medicine, 31(4), 675–692.

[26] Yang, S., Alnaqeeb, M., Simpson, H., & Goldspink, G. (1996). Cloning and characterization of an IGF–1 isoform expressed in skeletal muscle subjected to stretch. Journal of Muscle Research & Cell Motility, 17(4), 487–495.

健身后肌肉酸痛怎么办？
上完班后很累，应该运动吗？
空腹训练是更减脂还是对身体有害？
无器械健身真的更好吗？
骑车与跑步、跑步与快走，哪个更减肥？
关节有异响，还能运动吗？
拉伸能让我避免受伤，还是更容易受伤？

5
Chapter

健身十问

一、健身后肌肉酸痛怎么办？

相信读者如果根据此书的内容开始训练的话，此刻已经疼痛难忍了。健身很难坚持的一个重要原因就是：如果很长时间不运动，运动一次后，全身疼痛，就忍不住想要放弃。一般健身教练都会告诉你，如果疼痛的话，休息几天就好了，然而，休息就像偶尔的大吃大喝一样，一旦开始，根本停不下来……久而久之，就彻底放弃了。

运动后的肌肉酸痛，实际上是延迟性肌肉疼痛——DOMS。之所以会产生这种疼痛，与肌纤维断裂和肌肉组织受损有关——听上去可能比较恐怖，但人类的肌纤维每天都在断裂与修复，你随便上个楼梯也会断很多，跟死皮脱落一样，属于正常的生理现象。一般这种疼痛会在一两天后到达顶点（这就是我们在运动时并没有感觉疼痛的原因），之后开始消退，归于平静。但DOMS并不仅仅存在于新手身上，实际上，无论你健身多久、运动量多大，长时间不运动后，一旦开始运动，身体总会酸痛的。

但是，对于大多数有心健身减肥的同学而言，更大的问题在于——我第一次运动后全身已经非常疼痛，是否可以继续训练？是否会加重目前的疼痛状况？

科学研究证实，在运动后肌肉已经非常疼痛的情况下，更多的运动并不会增加DOMS的疼痛程度，反而会缓解这种症状。[1]北京体育大学田野教授的研究[2]表明，DOMS产生后继续运动，疼痛的症状不会加重，肌肉血液内的创伤标志物也不会增加。而另外一项研究证明，在第一次出现DOMS后24小时内继续做运动（高速向心等），酸痛状况于48小时内可以明显减轻。[3]

这就是说，在酸痛已经产生的情况下，继续运动可以有效缓解目前的疼痛感。研究人员认为，这可能与肌肉内的血液循环加速等因素有关。

所以，疼痛并不能成为阻止你健身的理由。

我知道，背负着酸痛继续运动是一件非常痛苦的事情，但没有痛苦，何来幸福？每当你因疼痛想要放弃的时候，不如想一想暗恋的男神女神、商场里那条心仪很久却又穿不上的裙子、你的那些带有侮辱性质的外号、电梯超重时所有人的目光都转向你的时刻……

当然，酸痛情况下的运动有其特殊性。我认为如果疼痛感真的十分强烈，就不应再做大重量的抗阻力训练或者快速跑跳等训练。此时的身体状况比较弱，神经感觉也比较差，再进行高强度、大负荷的运动有可能导致受伤。DOMS后的运动，要以小重量、多次数的循环力量训练和慢速的恢复性有氧训练为主。

最简单的，如果你前一天在健身房已经挥汗如雨了，目前不妨在家里穿插做上五组无氧运动双璧（深蹲＋平板支撑），再穿上鞋子，出去慢慢跑或者快步走，感受一下春光春色。这样，既能促进身体的恢复，又可以在晚上心安理得地吃上一顿好饭！

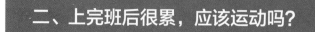

二、上完班后很累，应该运动吗？

除了肌肉疼痛，阻碍大部分人去健身的另一个原因就是累。好不容易工作、学习了一天，用脑过度、头晕眼花，什么都不做都已经很辛苦了，再去健身谈何容易？大部分人拖着疲惫的身躯回到家后只想大吃一顿或大睡一觉，好好犒劳一下自己，等打起精神了再去运动……结果，今日复明日，明日复never（永远不）。这真是一个悲伤的故事。

其实这样想也无可厚非，人人都有疲倦的时候。在社会上打拼已经够艰辛了，没完没了的功课和没完没了的工作，除此之外，还要耗费精力去应对该死的办公室政治和人际交往，总觉得脑子马上就要爆炸了，恨不能躺下来长眠不醒。

以上想法都没有问题，唯一的问题是——精神上的劳累和体力上的劳累压根儿不是一码事。

疲劳是非常复杂的一项身体机制，由种种因素导致。我们都知道疲劳分为身体疲劳和心理疲劳两种，但两种疲劳具体的区别是什么，你知道吗？

体力疲劳是指肌肉和躯体经过运动，生物能量消耗过度、代谢废物聚集和一些内分泌变化所致。[4]比如，在运动健身过程中大量消耗自己体内的糖原，内分泌的睾酮、皮质醇等发生变化，都会导致身体产生体力疲劳。运动健身产生的疲劳大多数是此类，通过饮食和休息的补充可以恢复。

而心理疲劳是指人体机体的工作强度不大，但由于神经系统紧张或长时间从事单调、厌烦的工作而产生的主观疲劳。比如，你从事写代码、写文案等长时间、无刺激的脑力活动导致的疲劳，或者长期打游戏等高度集中神经的活动导致的神经疲劳。[5]

嗯，大家粗略看看，就知道日常生活中上班、上学所遭遇的疲劳，大多数是心理疲劳，与体力疲劳不沾边。也就是说，上班导致的疲劳不会影响健身运动，而且运动也不会让上班的累加深。

更好的消息是：大量的研究和实验证明，适当的体育运动不但有助于身体健康，而且可以让日常工作导致的心理疲劳得到缓解。在同样条件下，运动会起到比听音乐更好的缓解疲劳、集中注意力的作用。[6]

体育运动缓解疲劳的机制很复杂，可能是由于运动对机体和大脑产生了不同于日常生活的刺激，所以，机体做出应对刺激的调整，使得身体更健康、更精神。

如果要类比的话，大概就相当于日常我们消费时，除了会为钱包心痛之外并无太多感受，但偶尔大出血买一次奢侈品，则会让我们更快乐或更肉疼，产生一系列的心理变化甚至生活变化。

大家都知道，在用脑过度、精神高度紧绷的时候，听几分钟的音乐或冥想一会儿，就会让精神放松下来。运动也一样，假设你下班之后实在太累，不想去健身房，那么，把电梯改为楼梯，或者步行一会儿，也可以简单地缓解一下。

只是，这种缓解是暂时的，相当于你没钱了可以刷一刷信用卡，回头还上就好了。但你一直刷的话，总有一天会信用破产，甚至还会惹上一场官司。身体也一样，如果你不想自己的身体被搞垮，还是老老实实地去健身房吧。穷和亚健康一样，要治就治本。想改善身体，不出汗是不行的。想摆脱贫穷，不赚钱是不行的。

以上这些，只是针对日常工作带来的劳累，不包括熬夜加班。熬夜加班的危害比这个大多了，如果非得加班不可，那我建议你一回家就睡，凌晨三四点再爬起，这也好过凌晨两三点睡觉。

三、空腹训练是更减脂还是对身体有害？

现代生活节奏过快，人们恨不能把每一秒都掰成两半用。光是应付日常生活已经吃力，再挤出时间去运动，有时候的确太辛苦。因此，很多人就开始为了健康压缩吃饭的时间，有些则干脆不吃。毕竟，吃完饭立即去运动对身体不好，但休息又要花时间。然而，不吃的话，又怕低血糖。于是，反复纠结矛盾，一眨眼连健身的时间都错过了。

虽然我们前面说过节食减肥的种种问题，但空腹训练其实并不像大家想象中那么危险。

先说说自己对此研究的一些心得：

1.空腹训练很可能更有益于运动中脂肪的消耗。所以，需要极限减脂的训练者，可以选择空腹进行有氧和高强度有氧间歇训练。

2.对于力量训练，空腹运动的研究并不多，结论也不明确。我个人认为，极限增肌还是要在训练前两小时摄入缓释碳水化合物。如果自己喜欢，也可以空腹训练。

3.健康人一般都可以空腹训练，但有血糖调节需求、心脑血管问题的人要慎用，可能会有问题，所以一定要慎重。

4.一定要多喝水！喝水可以避免血液内一些游离脂肪和酮体对身体的损害，还可以促进减脂。

5.可能会对肌肉有消耗，增肌者最好在训练前喝一些缓释的碳水化合物和蛋白饮料。

说完结论，我们来讨论讨论原理。

目前，很多研究都表明，饭前的空腹训练有益于脂肪消耗，并且能提高静息代谢率。一项针对超重者的研究实验表明，对比早餐后散步（脂肪供能216千卡），早餐前的空腹散步（脂肪供能298千卡）可以提高38%左右的脂肪消耗。[7]

究其原因，很可能是因为人在空腹运动的状态下，糖原储备较少，当糖原浓度较低时，身体会动员脂肪水解产生热量（脂肪酸氧化），所以，脂肪的消耗会增加。

但是，也正是因为这个原因，有心脑血管疾病的朋友要尽量少做空腹训练（年纪较轻的读者一般不会存在这个问题，但可以告诫自己的爸爸妈妈）。血浆内高浓度的游离脂肪酸可能会让血小板黏附、聚集形成血栓，或者导致心律失常，因此，血脂高或者血压高的人要非常小心。

另外，脂肪大量被动员消耗的时候，肝脏生成的酮体增多。过高的酮体会引起酮血症，让身体酸中毒。

所以，早晨空腹训练前，一定要多喝水！不仅能促进减脂，还可以在一定程度上避免此类损害。

很多朋友担心空腹训练没力气，其实，一般情况下，人体储备的能源都足够支撑90分钟左右的运动消耗。如果经常运动，人体的脂肪动员和消耗能力会更强，可以让更多的脂肪供能，参与到训练中，所以不必担心能量储备不足。[8]

至于很多人担心的低血糖问题，倒可能没有大家想象中那么严重。在一项针对2型糖尿病病人空腹锻炼的研究发现，早起空腹训练并没有让参与者产生低血糖的症状。[9]

我个人猜测，这与早起皮质醇、胰血糖素（一些参与升糖的激素）分泌较多有关。

对于无氧塑形训练，由于无氧运动是使用糖原供能的，为了达到训练强度，我推荐还是在训练前两小时摄入缓释的碳水化合物或低血糖指数的食物。

那些需要增肌减脂，训练水平较高的朋友，空腹有氧训练肯定会消耗一些肌肉的。某些女性同胞别暗自高兴，肌肉也是减脂利器，肌肉少了，身体怎么消耗脂肪？对此，大家可以在训练前摄入一些BCAA（支链氨基酸）和HMβ（β－羟基－βJ酸甲脂）等对肌肉起保护作用的补剂。

四、无器械健身真的更好吗？

首先问大家一个小问题：假设现在有如下五个人要锻炼：来自22世纪的、知名狸猫形蓝色球状两头身机器人，野×大雄，刚×胖虎，骨×小夫、×静香。

你觉得他们中哪一个适合无器械的自重徒手训练呢？哪个人可以不用去健身房，用无器械训练就可以很好地达成目标？

首先，请忽略他们还是小孩子，不能做过重的健身器械训练这件事。

在这里声明一下：本文预设的前提，就是大家的健身目标是以健康和大众心中的好身材为主，不包括很多专项体能素质。

当然，也不光是普通人瘦瘦肚子、减减腰围的目标。我们假设男性想要有大胸、宽肩、阔背，女性想要胸挺、臀翘、腿美。

可能每个人心中都有不同的答案，但是不好意思，我的答案是：都不适合！

自重训练是一项适合分运动者的训练。初学者不太容易用它上手，高级者很难用它进阶。另外，自重训练不适合所有人。

我们一个一个分析，分析完再给每位朋友简单地说个计划，告诉大家适合什么样的身体训练。

首先分析那只著名的蓝胖子。

蓝胖子的身体情况是：身高129.3厘米，体重129.3公斤，胸（腰）围129.3厘米……这就是一个球！简直肥死啦！他还有大圆脸，爱吃铜锣烧，爱喝汽水！

还有，蓝胖子的运动基础很薄弱，跑50米要10秒（其实它的功率是95.1千瓦，核能驱动，见到老鼠的逃跑速度是129.3km/h……）。

脂肪过多，不但对身材的影响很大，而且存在很多健康问题。现在很多人都已经了解到，过高的体重和过多的脂肪是导致心脑血管病、糖尿病等一系列难治疾病的诱因。一个胖子最需要的训练就是健康地减脂，饮食的节制自不必说，请蓝胖子同学少吃铜锣烧。另一方面，胖子需要有氧训练来减重，需要力量循环训练来减脂。大多数自重训练给出的减肥运动方式，如跑步、跳绳等是不适合脂肪过多的人群的。跑步、跳绳会伤害超重者的身体。

我在之前的内容里写过，目前的研究认为，身体各个组织在跑步运动中产生的冲击会导致组织振动，组织的振动频率会产生共振，而这种共振会对身体的关节、软组织等造成很大伤害。[10]冲击力的输入振动频率是10hz左右，脂肪的共振频率是2~10hz，可以引起共振。[11]

所以，超重的同学，最好不要采取跑步、跳

绳等有冲击输入的运动来减脂，最好选择椭圆机、登山机、动感单车、划船机等没有过强冲击输入的和缓的有氧器械运动。

不必讲，这些器械一般人家里都没有，所以，您最好还是去健身房。

而另一方面，肌肉本身是可以帮助脂肪协调振动频率的。[12]肌肉的增强也可以协助以后的减脂训练。正如我们之前所说的，肌肉简直是大杀器！最好的减脂力量训练，需要大肌群尤其是腿部、臀部等部位的参与。但是，相对于器械训练，自重的力量训练无法控制重量，角度过于自由，运动没有保护。

简单对比同是腿部训练的自重徒手蹲起和腿举机，我们可以发现，以蓝胖子为例，如果他做蹲起，是无法选择重量的。他的体重超重，将近130公斤。做蹲起时，他也只能选择130公斤！

如果是用腿举机，你可以随意选择重量，比如，可以先从30公斤开始，一天天循序渐进地增加负重。

再看角度和保护，蹲起的姿势正确与否以及训练到多少肌群，完全依赖于一个人的运动经验和训练水平。但是，可怜的蓝胖子同学的运动能力是很弱的，他很可能做错动作，没有很好地训练到臀部肌肉；他也可能赋予膝盖较大的剪切力，不小心伤害关节。

总体而言，就是又容易受伤，又可能训练不到位。而腿举机由于重量可大可小、角度相对固定，即使是没有什么运动经验的蓝胖子同学，也可以在安全有保障的情况下，很好地完成训练。

总结一下：

一个没有训练经验的超重人士，用自重训练很容易健身不成反而受伤。而用器械训练，在充分了解器械或有人指导的情况下，相对来说，是更安全的。健身房的有氧训练器械，也可以让脂肪超标者避免太多的共振伤害。

二号选手野×大雄，一个字：弱；两个字：菜鸟；三个字，战五渣（战斗力只有五的渣）……他的特点是运动能力为零、运动经验为零、运动欲望为零。

但是，每一个死宅都有这样一个梦想：练个好身体，征服白富美！

那么，对于野×大雄同学来说，到底是健身房训练还是自重训练更加适合他呢？

首先，野×大雄的运动能力和运动经验都是零。如同我刚才所说，自重训练的动作，大多数都属于多关节、多角度的自由训练。这种训练当然有很多好处，但也有很大的局限性，比如胸肌训练。当野×大雄想变成野×大胸时，自重训练常会选择的动作是各种不同角度的俯卧撑。

但是诸位看官请想一想，俯卧撑这个动作包含了如此之多的关节和肌肉运动，一个没有训练经验的人，几乎不可能在俯卧撑中体会到训练胸肌的感觉。大多数人一开始训练俯卧撑时，锻炼的都是肱三头肌和三角肌前束（一般都是觉得，胳膊酸痛，胸没感觉）。

这个就是近些年运动理论界讨论的本体感觉训练问题[13]：一个人在训练时的训练效果与他自己操控肌肉的能力成正比。如果你根本找不到胸肌发力的感觉，请问你如何在俯卧撑训练中达到自己练胸的目的呢？

这让我想起我的训练经历，我的胸肌训练就十分坎坷，一开始没有走对路，选择了俯卧撑作为胸肌训练的主体。后来一直找不到胸肌发力的感觉，反倒是胳膊越练越粗……

之后渐渐阅读、体会，开始转回正途，但是那时，硕大的三角肌前束和肱三头肌已经成为我继续胸肌训练的阻碍，做大多数含有推的动作时，我的胳膊都会分担掉很多本应由胸肌承受的训练量。

而对于野×大雄这种初学者，最好的方式是找到一些孤立胸肌的运动，比如翼式夹胸、龙门架夹胸、蝴蝶机等，把三角肌和肱三头肌孤立出去。限制胸肌单独发力，让胸肌有充分的本体感觉体验后，才能更好地采用更多的动作训练。

不必讲，这些器械一般人家里是没有的……

总结一下：

对于野×大雄这样运动经验很差的初学者，自重训练无益于体会本体感觉，也就是很难找对训练的感觉。而很多种健身房器械研发的初衷就是针对某块肌肉的生理特征，能帮助初学者更好地入门。

接下来是影视剧里常常都能看到的好友二人组，即一个胖子和一个瘦子：这两个人的身体情况迥异，但是自重训练不适合他们的原因是一样的——因为训练负荷。

先说胖虎。胖虎十分强壮，又不是虚胖。他本人还是棒球队队长，应该说，他的身体素质是很不错的，运动经验也十分丰富。

现实生活中，这类人的训练目标一般比较靠

近力量举训练。训练内容以深蹲、硬拉、卧推为主，更多冲击重量极限，以提高自己的运动表现为主。

而另一个，骨×小夫同学，个子娇小、身材瘦弱，这种人的训练目的以增肌为主，目标一般是拥有更强壮的身体。

先给大家介绍一个概念：RM（repetition maximum，最高重复次数），意思是当你举起某个重量的时候，能最多重复的次数，就是这个动作、这个重量的RM。比如，你做100公斤卧推时，只能做一个，那么你的100公斤推卧的RM就是1；如果你80公斤以下卧推能做10次，那么你的80公斤以下推卧的RM就是10。

根据RM和组间休息的时间，可以针对不同的目的采取不同的训练：

1．以绝对力量、爆发力为主的训练，主要采取1~5RM的训练重量次数，采取2~5分钟的组间休息。[14]

2．以肌肉体积增长、无氧耐力增加为主的训练，主要采取8~12RM的训练重量次数，采取30秒到90秒的组间休息。[15]

3．以减少体脂、增强有氧能力和无氧耐力的训练，主要采取15~20RM的次数，组间休息10秒到30秒。[16]

套用这个理论，我们就能分析出为什么自重训练不适合胖虎和小夫了！

先说胖虎，胖虎的运动能力很强，但是他的目标比较高。他很强壮，仍想提高力量，提升自己在打棒球和打架时的表现。如果胖虎能做200公斤的深蹲，那你觉得让他做自重训练，在家做蹲起，会有很好的提高力量水平的作用吗？

不要说爆发力训练不用做深蹲硬拉，即便是科比、詹姆斯、博尔特等也都是会练杠铃、深蹲等力量训练的，这是爆发力训练绕不开的训练方式。既然力量训练需要很大的负重，一般人家里上哪儿去找200公斤的杠铃呢？怎么做1～12RM的训练？

再说小夫，所有的瘦子在做引体向上、俯卧撑、双杠训练时是否都有这样一种感觉——做起来非常轻松写意，引体50个根本不算什么，俯卧撑轻松100多个？没错，就像很多军人的那种训练一样。

但是，这种训练是达不到瘦子们增肌增重的目的的，轻松100个俯卧撑，那根本不是增肌训练，那是肌耐力和减脂训练……你要是能做一小时，这就成有氧运动了。

我们刚刚说了，增肌训练最好采用12RM左右的训练负荷，注意这里是指你做到12个已经力竭了！不是说你做12个就有用，是要找一个你只能做12个的大重量！

但是，自重训练里的引体向上、俯卧撑、双杠等是很难增加负重的。

有人说，可以用书包等增加负重。不知道你们试没试过，至少我试过，无论俯卧撑还是引体向上，背负重物都不可能完美地让负重施加于目标肌群。我说过，当关节改变一两次，训练的目标肌群就会完全不同，可能直接从练胸变成练肩与胳膊。

为什么HAMMER（悍马）、星驰等大厂生产的综合训练器械比普通小厂贵好几万？并不只是因为牌子，更是因为大厂的综合训练器械的角度调整堪称完美，全程负重都可以训练到目标肌群！5000元与50000元的训练器械都差这么多，你觉得书包能很好地解决这个问题吗？

总结而言：

对于运动经验很丰富、能力很强的人，自重训练的负重和训练方式都不是很给力。而对于瘦子来说，他们的自重太小了，常常会把力量训练做成有氧训练。对他们而言，自重训练都没办法达成他们的目的。

最后说说静香。静香是位妹子，对于妹子来说，训练的问题是针对性、上手度。

胸部训练要用到肩部，臀部训练要用到腿部。但是，大多数女孩喜欢大胸，不喜欢粗壮的三角肌；喜欢翘臀，却不喜欢粗腿……

而很多自重训练的动作，如同我在评价二号选手时说的一样，初学者很难找到训练的感觉。练胸的很容易练到肩部的三角肌，练臀的很容易练到腿部的股四头肌。即使是非常有经验的训练者，也不是很容易掌握，更何况是一般女孩。

健身房的训练器械则不同，很多器械设计出来是为了孤立地针对某一肌群，比如，臀部的训练器械。健身房针对臀部训练的器械通常不止一种，如果这个臀部训练器械不够好，你还可以选择其他的，不像自重训练，能选择的姿势有限。

另外，健身房有专人辅导（当然要花钱），可以在一开始让女性更好地入门，掌握各种器械的使用方式和自己发力的方式，避免练臀练粗腿，练胸练壮肩。

所以，女性的训练要包括更多的孤立训练和针对性训练，避免没训练到目标部位的状况出现。健身房的训练器械有很多设计出来就是孤立训练某一肌群的。而健身房的私教服务，则可以让你更好地入门，找到训练的感觉。

最后来句总结：

对于大多数人来说，健身房训练都是好过自重训练的。因为健身房的器械具有自重训练所没有的安全性、可控性、针对性，且可调整重量。

五、骑车与跑步、跑步与快走，哪个更减肥？

骑自行车减肥，还是跑步减肥？这恐怕是不少同学训练中都有的一个疑问。我偷偷戳破一下诸位的小心思：单车训练比较平缓，没那么累，对吗？

但是，我要告诉大家，骑单车（自行车或者动感单车），减肥效果会比跑步差很多。

跑步与骑车的能耗对比

项目/摄氧量%（强度）	能量消耗（cal/min/kg）	脂肪氧化量（mg/min）	脂肪供能比例
跑步75%	161.7	5.45	30.2%
骑车75%	146	2.8	16.4%
跑步55%	112	4.2	51%
骑车55%	102	6.4	36%

首先说理论，研究（不同强度骑车和跑步的能量消耗与底物代谢特征研究）发现，同等强度下，跑步消耗的热量，本身就比骑车高很多。另外，脂肪的消耗和脂肪的供能比例，也高很多。

简单而言，跑步消耗的热量比骑车高，消耗的脂肪比骑车高，脂肪消耗率也比骑车高。这就意味着，在某种程度上，跑步在减肥效果上360度无死角秒杀骑车。

另外，还有研究发现，跑步的减肥作用可以随着身体水平的提高而提高。[17]也就是说，你越跑，身体就越好；跑得越多，你跑步的减脂效果也就越好。

然而，骑车运动的减脂效果，不会随着身体机能、训练水平的提升而提升。研究发现，普通人和自行车运动员的脂肪最大氧化强度基本相同。[18]

为什么会产生这样的差异？

跑步和骑车的运动方式是不同的。骑车运动基本只有下肢参与，而跑步除了下肢运动外，上肢和躯干的核心部位也均有重要的作用。

骑车运动中，肌肉只有向心收缩，而跑步过程中，肌肉既有离心收缩，又有向心收缩。

与跑步相比，骑车只做下肢的向心运动，其运动方式更接近无氧训练，有氧代谢的工作单位较少，导致能量消耗低于跑步（总能量消耗低），参与氧化供能的脂肪也较少（减脂效果差）。

当然，骑车训练虽然在减脂效果上不及跑步，但是自行车运动也具有自己的优势。比如说，骑车受到的冲击较少，不会那么容易就伤到身体和关节。

六、关节有异响，还能运动吗？

自从"不深蹲，无翘臀"这句话流传开来之后，市面上就出现了很多"深蹲党"。深蹲的好处和重要性已经不需要我再重复了，但在刚刚开始深蹲的时候，关节常常会发出"咔咔"的声音。很多人听到这样的声音，唯恐下一秒腿就会断掉，于是不敢再蹲下去。

其实不只是深蹲，很多健身项目都会出现这样的声音：打开肩膀的时候，肩膀有"咔嚓"声；扭腰的时候，腰部有"咔嚓"声；甚至我们早上起床时，伸个懒腰都会有这种声音。唯一的问题是，伸懒腰不会让我们感觉恐惧，健身的时候，我们却害怕自己会受伤。

对此我不得不说：有警惕性是件好事，但搞清楚身体发出声音的原因，则可以让我们更加放松和安全。

我们首先要确定的，是该响声发生的原因，这到底是生理性的还是病理性的？

我们从两个方面进行简单判断，如果符合如下几种情况，则是生理性的。

1. 只在关节运动时发出声音。

2. 响声发生时，没有特别疼痛不适的感觉。

如果上述都符合，那么关节发出的声音只是生理性的，并无大碍。

但如果不符合，恐怕你就要去医院检查一下了。鉴于我们的读者应该多半是年轻人，病理性的可能不太大，即便真的有这种情况，医生的忠告也比看书更有效。所以，我现在只讲解一下生理性声响的原因。

简单而言，有三种情况会发出响声：一种是类似压手指的弹响，这是密闭的关节被活动拉开，里面的气体爆裂的声音（类似气泡爆开声）。声音清脆、单一。

一种常见于大腿根部的髋关节和肘关节，是肌腱和筋膜等组织滑过骨头突起部位的声音，类似于吉他拨弦的声音。

最后一种是类似一个关节面摩擦另一个关节面时，粗糙的骨质发出的响声，比较小而沉闷，常见于膝关节——同学们，这就是你们平时不锻炼带来的后果。膝关节间的滑囊液分泌不足，容易导致膝盖关节的骨头相互摩擦。

倘若没有明显疼痛，关节间的生理性响声，一般不会影响锻炼和正常生活。如果是膝关节的摩擦声，我建议一段时间内停止跑步，改为快速步行、游泳之类对膝关节损伤比较小的有氧运动。[19]徒手深蹲但做无妨，但一定要避免跳跃。像徒手深蹲这种小重量的力量训练（只有自重），对关节的健康非常有益。[20]徒手深蹲对关节的冲击不大，次数也不多，对身体只有益处而不会有害处。

在一段时间的锻炼后，膝关节的力量加强了，也有助于保护关节。习惯了运动，滑囊液分泌也会增加，到时候再跑、再跳都不会有问题。

其实，人类的身体，会发生很多类似的小状况，让人感觉有些怪怪的，实际上没有什么危害。搞清楚这些，困惑就没那么多了，对健身自然就会多很多自信和把握——而这正是本书想要让大家学会的健身精神。

七、害怕关节疼，能做抗阻训练吗？

学界公认，深蹲是训练项目之王，也是翘臀必做的项目。然而，不少人都有这样一个疑问：我的膝盖很弱，是否能练习深蹲？

这个问题要分开看。如果膝盖只是比较弱，甚至只有关节疼痛或肌肉疼痛，做徒手深蹲是完全没有问题的。

深蹲对膝盖的冲击是有缓时性的，不是瞬间冲击。比如跑步，对膝盖的冲击力是单脚、瞬间、几倍于体重，因为身体有腾空，就要克服自身的重力、加速度等（还记得中学时的物理习题吗？）。在某些高速跑跳的过程中，冲击力甚至可以高达体重的8倍以上。[21]

而深蹲，尽管有负重，却是双脚且缓时的，冲击力几乎只有体重加负重。再回忆一下中学时的物理作业，还记得力是怎么算的吗？一只脚的压力大还是两只脚的压力大？速度为零和有速度的时候哪个力更大？这样对比之后，是不是就明白了？

至于负重，一般人的身体重量不过几十公斤而已，我们每天都带着这些重量行走、睡觉、吃饭、约会，早就习惯了。

所以，在深蹲时，膝关节的运动幅度几乎等于你从沙发上起身。

由于有肌肉的弹性部分拉伸吸收冲击，产生势能与被动张力，冲击又只是缓慢、平均地分摊在双脚，徒手深蹲的膝盖受伤概率可能还不如从沙发起身的受伤概率。

目前的研究结果认为，普通人深蹲不会增加膝盖受伤概率；相反，很多研究认为，即使是家庭力量训练，也能有效减缓关节疼痛与关节炎症[22]，原因是力量训练能提高肌肉质量，改善关节周围组织的功能。而有些研究给出的骨关节治疗的专门运动方案中就包括徒手深蹲，足见深蹲的理疗效果何其强大。[23]

此外，力量训练能增加、保持骨密度，有效防止骨质疏松。[24]

这就是蹲在健身界拥有至尊王者一般地位的原因：它不仅可以让人的身材变得性感，某些时候还是一个有效的物理治疗手段（这里建议加一些其他抗阻训练项目）。

当然，如果膝盖已经有了病理性反应，比如半月板损伤、髌骨损伤等，我建议还是咨询医生，得到专业解释再决定训练内容。

八、拉伸能让我避免受伤，还是更容易受伤？

这个问题要分两种情况分析。

训练前拉伸

拉伸是个不太好谈的话题，因为我一旦开始说，可能就会颠覆一些广为人知的东西。但是为了大家的训练效果、训练安全，我还是不得不说，大多数运动理论和实验都证明，无论健康养生、瘦身减脂，还是强健体魄、增肌塑形，训练前最好不要做拉伸训练。训练前拉伸，会让人更慢、更弱、更容易受伤。

第一，训练前拉伸对肌肉最大力量的负面影响很明显。

一项研究发现，肌肉进行拉伸之后，最大力量立刻下降了28%。在拉伸进行完之后一个小时内再进行测试，肌肉力量仍然下降了9%。[25]另外一项关于肱三头肌的拉伸测试中，肌肉的最大力量下降了23%。[26]

9%和23%这两个数字看起来很小，但对日常训练的影响还是非常大的。比如卧推时，平常能举起10公斤的哑铃，进行拉伸之后，就只能用8公斤的哑铃做训练了；或者你百米能跑12秒，拉伸后就只能跑13秒了。当然在现实生活中，大家既不会做如此极端的拉伸，也不会这样做训练，但关于身体，再小的细节也可能产生非常巨大的影响。

为什么拉伸会对肌肉的力量产生如此大的负面影响？想象一下，当你跳跃的时候，肯定是蹲下去，再跳起。你蹲下去的时候，肌肉被牵拉、拉伸，肌肉内的感应器官感应到了这种牵拉，于是开始兴奋，促使肌肉猛力收缩，从而产生强大的力量。

　　然而，如果你训练前进行拉伸，这些感应器官一直感应着肌肉的拉伸，已经习惯了那种兴奋，也过了敏感点，所以，肌肉的收缩力量就变小、变弱了。[27]

　　第二，这些感应器官不仅起着提升运动表现的作用，它们恰恰还是保护肌肉在合理范围内运动的基础。

　　平时训练中，当肌肉受到被动的、不自然的牵拉，感应器官会立刻促使肌肉收缩，保护自身。举个简单的例子：当你打篮球的时候，在跳跃起来的那一刻，你的肌肉已经做好了落地的准备，但假设这个时候有人来跟你抢球，撞到了你——这就是被动的、不自然的牵拉，这些肌肉就会收缩以保护自身。但当你完成了拉伸，再进行训练或运动，这些基础器官已习惯了拉伸，再遭遇什么不正常的牵拉时，它们的防卫作用就无法正常启动，于是会很容易受伤。[28]这就像狼来了的故事，你一直在喊狼来了，大家跑到山上却发现你在撒谎；当狼真的来了，就没有人救你了。

　　那么，我们在训练前该如何热身呢？

　　目前国际上主流的热身标准是按照体温来算的，只要准备活动后腋下温度在37.8摄氏度到38.8摄氏度之间，心率调整到最大心率的70%到80%，就能达到很好的热身效果。

　　我个人的建议，减肥减脂训练的人，可以采用单纯的跑步机、跳绳、椭圆机等温和的有氧器械进行日常热身，时间以5至10分钟为宜，不用太长，心率到150次每分钟左右就好。

　　增肌增力训练的人，可以采用今日训练部位30%到40%的最大负重，20次到30次一组，2到3组的多关节复合动作来热身。比如，腿部可选深蹲，背部可选高位下拉，胸可选卧推，肩可选固定的肩部推举器械。

训练后拉伸

虽然我们说了很多拉伸的负面作用，比如，它会导致最大力量的减小，让锻炼达不到强度，不能承受最大的负荷，还会消除肌肉自我保护的警惕机制，导致自己在训练中很容易受伤，等等，但是请别忘记，我所说的这些结论，都存在一个前提：那就是仅限训练前的拉伸。

一件事是不是有益的，要看时间、地点、人物。拉伸是有益的运动，只是放在训练前，不合适。

那么，拉伸有什么好处呢？

对于一般人而言，拉伸训练可以大大改善人体柔韧度、增加人的力量，减少受伤概率。

有人肯定会说，你在逗我？怎么自相矛盾啊？你之前说，拉伸会导致最大力量减少、受伤概率增加，为什么回过头来又说拉伸能增加力量、减少受伤呢？

举个例子，假设两个小时之后你要去参加长跑比赛，这时候，你会再去跑个10千米吗？肯定是养精蓄锐，多吃多睡啊。然而，你要是两个月后参加长跑比赛，你肯定得每天跑个10千米，锻炼自己的心肺功能、有氧代谢了。

拉伸训练也是一样。由于拉伸针对的正是肌肉的延展极限和柔韧性，所以不适宜训练前做，但是可以放在训练后或者单放在一个时间进行。

为什么拉伸能提高最大力量？其实肌肉有点儿像皮筋，想象一下，皮筋拉得越长，收缩的时候反弹的力量也就越大。如果皮筋只拉开了一点点，反弹也是没什么力量的。

拉伸训练正是针对这方面而进行，拉伸可以提升肌肉的柔韧性。研究证明，经过拉伸训练，人体的柔韧性明显会有提高。[29]即使是只做拉伸，不做力量训练，人们的力量水平也会因拉伸训练大大增长。[30]

另一方面，对于想增加肌肉围度的朋友而言，比如想丰胸、翘臀的女性，或是想增肌塑形的男性，拉伸训练能够明显促进肌肉围度和体积的增长，更快达到你们的目的。

由于肌肉拉伸的方式，非常像我们日常训练中肌肉离心收缩的方式（离心收缩就是肌肉由于外力被拉长，比如拿着哑铃缓缓下落），而离心收缩是促进肌肉生长的重要手段，能够促进很多有益激素的分泌，所以拉伸可以非常有效地增长肌肉。

据研究，由于肌肉被动拉伸时，肌肉协同性增加，肌肉会处于一种极易增长的状态。[31]也就是说，

> 如果力量训练后进行拉伸，男性增加肌肉、女性丰胸翘臀的效果是会加倍的，堪比信用卡刷卡消费积分翻倍。

怎么拉伸？

第一种是静力拉伸（static stretching）。静力拉伸是目前比较流行的一种拉伸方法，它缓慢地将肌肉、肌腱、韧带拉开，直到有一定的酸胀

感觉。然后在此位置上维持一段时间，一般30到60秒。每块肌肉的伸展应该如此重复3到4次。

第二种是动态弹振拉伸法（ballistic stretching）。即，快速拉伸肌肉，拉到极致产生回弹，然后继续拉伸。最典型的是我们上体育课时做的扩胸运动。一个肌肉部位可以如此弹振一两分钟，重复两三次。

最后一种是我们今日推荐的PNF拉伸法，学名有点儿长，叫本体感受神经促进技术拉伸法（proprioceptive neuro-muscular facilitation）。

目前来看，日常使用PNF拉伸法，比起普通的静态拉伸，可以有效降低肌肉拉伤的发生率。[32]在柔韧伸展练习中，PNF练习法取得的柔韧性也超过传统的静态和动态拉伸法。

具体怎么做？PNF伸展分三步：

第一步，找一个外力，拉伸目标肌肉，直至有轻微酸痛感，持续10秒钟。比如，手推墙、蹬腿转腰，提供一个外力拉伸胸大肌。

第二步，对抗外力，被拉伸部位主动发力，主动收缩，缓缓归位。比如，手推墙、蹬腿转腰拉伸胸大肌。胸肌对抗这个拉伸，缓缓转腰回来。

第三步，放松目标肌群，继续由外力拉伸——也就是重复第一步。这个动作可以重复四五次，这样目标肌群可以得到很好的拉伸。

为什么PNF训练法如此有效？研究认为，PNF拉伸法的第一个阶段可以极限拉伸目标肌肉，消除牵张反射，让其达到最大的伸展范围。

第二个阶段，在抗肌牵张反射被消除的情况下，主动收缩目标肌肉，使得肌肉被伸展，提升了柔韧度，又保护其不容易受伤。这种现象称为交互抑制现象。

也就是说，PNF训练法，不仅仅是一种肌肉拉伸的训练，同时还是一种神经训练法。在PNF训练下，不仅能提升柔韧度、增强力量、减少受伤，同时还可以训练你的神经系统，让神经系统也提升性能，从而增加力量、减少伤害。[33]

总的来说，PNF训练法，就是在拉伸训练中，增加一个主动对抗外力发力的阶段，也就是拉伸、收缩、拉伸。效果是肌肉、肌腱、韧带的性能更好，神经系统的性能提高。

PNF拉伸法在力量训练中的使用方法

之前我们曾经提到过，拉伸对于力量训练的增益效果非常强。拉伸之于力量训练，就像信用卡的双倍积分，或者暗黑破坏神的双倍经验神殿一样。

其中我们最关注的效果包括柔韧性的增加[34]、力量的增加[35]以及肌肉生长（围度）的增加[36]。

其中，又以PNF式拉伸训练的效果最为显著。[37]所谓的PNF拉伸训练，简单粗暴地讲，就是在静力性拉伸训练之后，增加主动收缩的训练。

回顾一下，比如单手抵住墙、蹬腿转腰，提供一个外力拉伸胸大肌，直至有酸胀感，然后保持此姿势30秒（此为静力性拉伸）。

PNF拉伸法要增加一个对抗外力，以手推墙，胸肌主动收缩（像在做哑铃卧推或俯卧撑），把身子缓缓转动（主动收缩阶段），最后再做一次静态拉伸。此为一个PNF拉伸过程。

但是，我们又面临一个问题：之前的文章曾经提到过，训练前拉伸，对于肌肉的力量有非常明显的负面效果[38]，还会增加我们训练中的受伤概率[39]。

我们要如何做，才能得到肌肉增加的正面效果，规避这个减低力量、容易受伤的的负面效果呢？

其实，目前非常流行的FST-7训练模式很值得借鉴。

FST-7的意思是肌肉筋膜拉伸-7模式，是目前国际健身圈很流行的一种训练方法，由两位奥林匹亚先生的打造者哈尼·雷蒙博德发明。虽然我不太认同这个FST-7的原理，不过，我认为这种训练方法和PNF拉伸法可以很好地结合起来进行训练。

FST-7训练法就是在所有的肌肉训练后，增加7个所谓肌肉筋膜拉伸训练组。在这个训练组中，你要选择非常孤立的、能拉伸训练肌肉的中低重量动作。在动作的一开始，努力拉伸，然后对抗这个拉伸的外力，主动收缩目标肌肉，完成动作。

可以看到，这个训练方法非常接近PNF拉伸法。由于其采取了孤立动作，可以非常有效地针对你想练的目标肌肉，又由于采取了中低重量，可以很好地规避受伤。

应该说，FST-7训练法的效果得到了证实，奥林匹亚先生菲尔·希斯和乔·卡特都是这个训练法的受益者（虽然我比较怀疑这个训练法的原理——筋膜拉伸）。你可以在需要增大肌肉围度的训练日（比如练胸、臀、背等），采取FST-7训练法。但是最好不要每天都用，因为这对身体有比较大的负担。

最后奉送几个部位进行FST-7训练可以采取的动作（也就是这些部位的孤立动作）。做时要快收慢放，念动合一，保持肌肉的关注度和泵感。

我们可以选用如下几个动作作为最后的7组，注意可以挑多个动作，只要凑成一次紧密的7组就行。

1.胸部：大龙门飞鸟、坐姿蝴蝶机夹胸。

2.背部：直臂下拉、史密斯机划船。

3.肱三头肌：仰卧臂屈伸、拉索下压。

4.肱二头肌：哑铃斜托弯举、哑铃交替弯举、哑铃弯举。

5.三角肌前束、中束：哑铃前平举、哑铃侧平举。

6.三角肌后束：俯身哑铃侧平举、蝴蝶机反向飞鸟。

7.臀：臀桥、单腿臀桥、后蹬、单腿硬拉。

九、增肌与减脂可以同时进行吗?

提到增肌与减脂,很多人的想法可能都是先减脂、后增肌,但有些人觉得先减脂、后增肌太漫长了。所以,就有人问:"我能不能一边减脂一边增肌啊?"换作女生可能就是:"我能不能瘦腰的同时还丰臀呢?"

增肌减脂并行,这完全可以!或者应该说,我认为正确的运动塑身(抗阻+有氧)就是同时进行增肌与减脂。先不扯虚的,直接看图表。

抗阻和有氧结合的减肥效果对比

青年男性 (n=8)	实验前	实验后
体脂率(%)	24.2	22.3
去脂体重(kg)	50.3	51.9
腿部肌力 12RM	62.6	77.9

老年男性 (n=8)	实验前	实验后
体脂率(%)	29.6	28.6
去脂体重(kg)	44.9	45.4
腿部肌力 12RM	48.6	54.5

上面这个图表的实验是5个月力量训练(每周做几天的腿举)。我们不管它,只看实验数据。体脂减少,去脂体重(肌肉)增加,肌力增加。[40]

下面的数据是12周抗阻+有氧训练的实验结果。只看实验数据,瘦体重(基本是肌肉)增加,体重减少,体脂减低。[41]

12周抗阻+有氧减肥效果

	实验前	实验后
体重（kg）	74.50	71.50
体脂（kg）	20.75	18.05
瘦体重（kg）	48.75	49.63
BMI/（kg/cm^2）	26.50	25.05
瘦体重/体重（%）	64.83	69.19

所以，我从来都强调，健身、减脂、塑形，不要考虑体重，一定要看体脂含量和腰围、腿围等。因为正常的健身、塑形，瘦体重（肌肉）会增加，体重上看不到什么特别的变化。

但是实际上，你已经开始瘦了。腰围会明显减少，人也会渐渐瘦下来，最后肯定会达到你心目中想要的好身材！

从原理上讲，这个比较深，我尽量挑简易的给大家说一下。

首先，增肌后必然代表能耗的增加。肌肉是身体通过消耗热量和蛋白质长上去的。这个很简单，不用多讲。长肌肉的很多热量也是来自脂肪的（并不是简单的转换，但是从结果看是如此）。

而且，在一般健康情况下，安静状态下骨骼肌每天有1%到2%的转化，能耗为全身的15%到25%。肌肉是能耗大户，静止状态下，一磅肌肉消耗的热量比一磅脂肪要多很多！

一个胖子的肌肉含量大概占身体的30%，一个身材健美者的肌肉含量约为身体的45%。他们每天即使不动，两人的基础代谢也能差出200多千卡，相当于两个馒头的热量。在维持日常活动量的情况下，达拉斯有氧研究协会发现，每磅肌肉24小时基础热量消耗是30千至50千卡，但脂肪呢？还是只有可怜的2千卡。

另外，再谈得稍微深一点儿。运动中有两种非常重要的激素，一种叫作睾酮，一种叫作生长激素。这两种激素都有很多作用，其中对我们健身塑形最有用的就是增加肌肉、减少脂肪。

生长激素的作用机理大致是促进蛋白质合成，抑制外周组织对葡萄糖的利用，减少葡萄糖的消耗，加速脂肪的分解，使机体的能量来源由糖代谢向脂肪代谢转移，有利于生长发育和组织修复。[42]

睾酮的作用机理，大致是增加肌肉重量，促进骨骼肌蛋白质合成。[43]此外，睾酮还是体内脂肪分布和代谢调节的重要因素。[44]

稍微说说，在实际训练中，如何参考这两种激素的作用改善训练动作。

1.生长激素是越痛苦的时候，分泌越多。

越高的训练强度，越能刺激生长激素的释放。生长激素一般被认为与乳酸阈强度有关系。[45]一般认为中高强度的训练更能刺激生长激素的分泌（其实这就是HIIT训练可以极限减脂的一个原因）。

2.力量训练中，多采用力竭与强迫训练。

这样做有助于生长激素的分泌。和上面的原因一样。所谓力竭组，就是做动作时一定要做到做不下去为止。所谓强迫组，比如100公斤卧推，你做10个已经是极限了，做完10个，立刻换到90公斤，再做2个。

3.动作参与的肌群越大、越多，负重越高，越能刺激睾酮的分泌。[46]简单讲，你要多练深蹲、卧推、硬拉、高翻等超大重量、大肌群的训练。

4.力量训练比有氧训练更能刺激睾酮分泌。[47]

5.从全身来讲，高强度有氧训练更能刺激生长激素的分泌，而力量训练可以更好地刺激局部生长激素的浓度改变（看你更想减脂还是局部增肌塑形）。[48]

6.经常改变训练计划可以更好地促进这两种激素分泌。

机体将运动作为一种应激源，运动会促进蛋白质的分解和合成，但随着时间的延长，机体慢慢适应刺激，这种促进就会减弱，所以要经常改变训练计划。[49]

（此处只说一般人的训练，不讨论专业运动员和高阶训练者。运动员经常为了赛季和赛事，分别进行体能力量储备和减脂减重的训练。比如，举重运动员冬季会进行大重量极限的训练，健美运动员在赛事开始前几个月要减碳、减水、改变盐钾摄入以减低体脂。这对于一般人锻炼的借鉴意义不是很大。）

十、如何选择健身房？

　　我一直认为每个人对健身房的要求都不太一样，但还是有很多人问我如何选择健身房的问题，所以，说一下我自己判断健身房的方法：

　　健身房选择的重要参考因素：

> 位置。

　　位置上，首先确定自己每天的训练时间。然后谨记一个原则：

> 从家或公司到健身房的时间，不能超过20分钟。

　　这可以说是选择健身房最重要的原则。如果超出20分钟，无论你改变自己的雄心壮志有多么强烈，也会时不时产生懒惰或者厌烦的情绪。

　　环境上，可以说得比较多，我们一一道来。

　　首先是器械，这是非常重要的一点，却是大家选择健身房时最容易忽略的问题。究其原因，很多人办理健身卡的时候，还没有充足的健身经验，并不知道自己在健身器械选择方面有什么特别的要求。

在选择健身房的时候，一定要考虑健身房的发卡量和器械数量之比。为了考察这点，请在你确定日常的锻炼时间去考察。比如，你每天中午午休锻炼，你就午休时候去健身房看。如果你不确定，那就在周五下班后的钟点（下午5点后）去。

如果是男性，我建议你看健身凳、卧推架、深蹲架、史密斯杠铃机的使用情况、配比、功能以及排队状况。

相信我，等你对健身有一定的了解和认识之后，你绝不希望自己雄心勃勃地做好了计划，今天一定要冲击一组120公斤卧推，结果却不得不在卧推架或史密斯杠铃机前等半小时。等到你坐上器械，力气已经再而衰、三而竭了。当你考察的健身房是所谓的"铁馆"（训练者以20到50岁男性为主，价格适中或便宜。你一踏入，就能闻到空气中弥漫着浓浓的器械皮子味，杠铃、哑铃、钢铁的陈锈味，以及雄性激素的气味。你听到最多的是嘶吼、铁和铁的撞击声、肌纤维的撕裂声，以及汗掉在地上摔碎的声音）时，此条尤其适用。

若你已经比较有经验，你可以参考的一些选择因素应该有：

1.力量器械的种类是否丰富？比如，是否有每个部位的固定训练器械，如悍马机、拉索训练机等。

2.力量器械的角度是否能调整，自己是否觉得合适？每个人的身高和骨架都有区别，总有自己合适与不合适的器械。

3.力量器械的重量是否适合自己？很多人训练到后来，会发现国内健身房的器械重量极限相对都比较小。比如，目前我中午训练的健身房固定器械——腿举机，阻力调到最大，才是我单腿的训练重量。

如果是女性，你要考察的重点是各种有氧器械和固定器械。

1.种类是否齐全？跑步机、椭圆机、登山机、动感单车、划船机帮你减脂。你可以有多种选择，不必只练一种，否则会觉得乏味。各个部位的固定力量器械帮助你雕塑局部，又不像杠铃、哑铃这种自由重量的器械有较高的使用门槛，简便安全。

2.器械的功能如何？比如，跑步机履带宽不宽、滑不滑？是否有简易的直选功能？

要知道，长时间的有氧运动是无益于减肥的，所以，你在跑步机上要做的是HIIT这种高强度间歇有氧训练。如果没有直选按钮，你试试从20千米每小时调整到10千米每小时要多久？再试试那个速度下那么久的操作有多困难、多危险？

与男性一样，你要考虑健身房是否过度发卡，导致人多机少。如我刚才所说，如果你周五下班想去锻炼，却发现每台跑步机前排着5人长队，你还有耐心和激情训练吗？

其他要考虑的环境因素有：

1.是否有饮水机？是否有擦汗的纸巾？

2.洗澡是否方便？热水充足吗？人多的时候是否需要排队？

3.器械是否有人固定清洁？你不介意别人用完的汗津津的健身凳吗？

4.如果你开车去锻炼，交通和车位是否便利？

5.空气质量如何？是否有空气净化装置？

6.如果你喜欢游泳，那么是否有泳池之类也要考虑。

7.装修风格你是否喜欢？比如光线的布置等。

8.其他加分或者减分项。SPA水疗、热瑜伽等美容休闲场所。网球场、羽毛球场，以及壁球、篮球等其他运动场馆。

注解

[1] Donnelly, A. E., Clarkson, P. M., & Maughan, R. J. (1992). Exercise–induced muscle damage: effects of light exercise on damaged muscle. European Journal of Applied Physiology and Occupational Physiology, 64(4), 350–353.
[2] 田野, &戴维. (2003). 不同频率电刺激对运动延迟性肌肉酸痛和肌肉收缩力量的影响. 体育科学, 23(2), 124–129.
[3] Hasson, S. M., Wible, C. L., Reich, M., Barnes, W. S., & Williams, J. H. (1992). Dexamethasone iontophoresis: effect on delayed muscle soreness and muscle function. Canadian Journal of Sport Sciences= Journal Canadien des Sciences du Sport, 17(1), 8–13.

[4] 黄文杏. (2005). 疲劳相关术语的概念及沿革的文献研究. 北京中医药大学学报, (3).

[5] 尹小琳. (2007). 中学教师心理疲劳及其影响因素研究 (Master's thesis, 西南大学).

[6] 王翠英. (1996). 体育运动对精神疲劳者心理的影响. 中国疗养医学, 5(3), 75–77.

[7] Farah, N. M., & Gill, J. M. (2013). Effects of exercise before or after meal ingestion on fat balance and postprandial metabolism in overweight men. British Journal of Nutrition, 109(12), 2297–2307.

[8] 张勇, &李之俊. (2013). 训练者和无训练者脂肪氧化动力学与最大脂肪氧化强度研究. 体育科学, 33(2), 61–68.

[9] 王宁, 孙玉梅, &刘志英. (2012). 晨起空腹运动对2型糖尿病患者血糖的影响. 中华保健医学杂志, 13(6), 477–479.

[10] Boyer, K. A., & Nigg, B. M. (2007). Quantification of the input signal for soft tissue vibration during running. Journal of Biomechanics, 40(8), 1877–1880.

[11] Boyer, K. A., & Nigg, B. M. (2006). Soft tissue vibrations within one soft tissue compartment. Journal of Biomechanics, 39(4), 645–651.

[12] Nigg, B. M., & Wakeling, J. M. (2001). Impact forces and muscle tuning: a new paradigm. Exercise and Sport Sciences Reviews, 29(1), 37–41.

[13] Adamo, D. E., Martin, B. J., & Brown, S. H. (2007). Age–related differences in upper limb proprioceptive acuity. Perceptual and Motor Skills, 104(3c), 1297–1309.

[14] Bilcheck, H. M., Kraemer, W. J., Maresh, C. M., & Zito, M. A. (1993). The effects of isokinetic fatigue on recovery of maximal isokinetic concentric and eccentric strength in women. The Journal of Strength & Conditioning Research, 7(1), 43–50.

[15] Kraemer, W. J., Noble, B. J., Clark, M. J., & Culver, B. W. (1987). Physiologic responses to heavy–resistance exercise with very short rest periods. International Journal of Sports Medicine, 8(4), 247–252.

[16] 汪军, 王德刚, &郑慧润. (2011). 12 周循环力量训练对体脂, 心率及肌力的影响. 2011 年中国生理学会运动生理学专业委员会会议暨 "运动与骨骼肌" 学术研讨会论文集.

[17] Astorino, T. A. (2000). Is the ventilatory threshold coincident with maximal fat oxidation during submaximal exercise in women?. The Journal of Sports Medicine and Physical Fitness, 40(3), 209–216.

[18] Stisen, A. B., Stougaard, O., Langfort, J., Helge, J. W., Sahlin, K., & Madsen, K. (2006). Maximal fat oxidation rates in endurance trained and untrained women. European Journal of Applied Physiology, 98(5), 497–506.

[19] Sutton, A. J., Muir, K. R., Mockett, S., & Fentem, P. (2001). A case–control study to investigate the relation between low and moderate levels of physical activity and osteoarthritis of the knee using data collected as part of the Allied Dunbar National Fitness Survey. Annals of the Rheumatic Diseases, 60(8), 756–764.

[20] Zhang, W., Moskowitz, R. W., Nuki, G., Abramson, S., Altman, R. D., Arden, N., Bierma–Zeinstra, S., Brandt, K. D., Croft, P., Doherty, M., Dougadow, M., Hochberg, M., Hunter, D. J., Kwoh, K., Lohmander, L. S., & Tugwell, P. (2008). OARSI recommendations for the management of hip and knee osteoarthritis, Part II: OARSI evidence–based, expert consensus guidelines. Osteoarthritis and Cartilage, 16(2), 137–162.

[21] Boyer, K. A., & Nigg, B. M. (2004). Muscle activity in the leg is tuned in response to impact force characteristics. Journal of Biomechanics, 37(10), 1583–1588.

[22] Thomas, K. S., Muir, K. R., Doherty, M., Jones, A. C., O'Reilly, S. C., & Bassey, E. J. (2002). Home based exercise programme for knee pain and knee osteoarthritis: randomised controlled trial. BMJ, 325(7367), 752.

[23] Baker, K. R., Nelson, M. E., Felson, D. T., Layne, J. E., Sarno, R., & Roubenoff, R. (2001). The efficacy of home based progressive strength training in older adults with knee osteoarthritis: a randomized controlled trial. The Journal of Rheumatology, 28(7), 1655–1665.

[24] Cussler, E. C., Lohman, T. G., Going, S. B., Houtkooper, L. B., Metcalfe, L. L., Flint–Wagner, H. G., Harris, R. B., & Teixeira, P. J. (2003). Weight lifted in strength training predicts bone change in postmenopausal women. Medicine and Science in Sports and Exercise, 35(1), 10–17.

[25] Fowles, J. R., Sale, D. G., & MacDougall, J. D. (2000). Reduced strength after passive stretch of the human plantarflexors. Journal of Applied Physiology, 89(3), 1179–1188.

[26] Avela, J., Kyröläinen, H., & Komi, P. V. (1999). Altered reflex sensitivity after repeated and prolonged passive muscle stretching. Journal of Applied Physiology, 86(4), 1283–1291.

[27] Mello, M. L., & Gomes, P. S. C. (2002). Efeito agudo de diferentes durações de alongamento sobre o pico de torque em membro inferior donanante: esmdo piloto. Annals of XXV Simpósio Internacional de Ciências do Esporte, 10–12.

[28]王瑞元. (2002). 运动生理学. 人民体育出版社.

[29] Handel, M., Horstmann, T., Dickhuth, H. H., & Gülch, R. W. (1997). Effects of contract–relax stretching training on muscle performance in athletes. European Journal of Applied Physiology and Occupational Physiology, 76(5), 400–408.

[30] Yang, S., Alnaqeeb, M., Simpson, H., & Goldspink, G. (1996). Cloning and characterization of an IGF–1 isoform expressed in skeletal muscle subjected to stretch. Journal of Muscle Research & Cell Motility, 17(4), 487–495.

[31] Rubini, E. D., Pereira, M., & Gomes, P. S. C. (2005). Acute effect of static and PNF stretching on hip adductor isometric strength: 953 board# 175 10: 30 AM－12: 00 PM. Medicine & Science in Sports & Exercise, 37(5), S183–S184.

[32] Prentice, W. E. (1983). A comparison of static stretching and PNF stretching for improving hip joint flexibility. Athletic Training, 18(1), 56–59.

[33] 王安利. (2001). 预防运动损伤新视角②——身体训练与运动损伤预防. 田径, (4).

[34] Worrell, T. W., Smith, T. L., & Winegardner, J. (1994). Effect of hamstring stretching on hamstring muscle performance. Journal of Orthopaedic & Sports Physical Therapy, 20(3), 154–159.

[35] Handel, M., Horstmann, T., Dickhuth, H. H., & Gülch, R. W. (1997). Effects of contract–relax stretching training on muscle performance in athletes. European Journal of Applied Physiology and Occupational Physiology, 76(5), 400–408.

[36] Rubini, E. D., Pereira, M., & Gomes, P. S. C. (2005). Acute effect of static and PNF stretching on hip adductor isometric strength: 953 board# 175 10: 30 AM－12: 00 PM. Medicine & Science in Sports & Exercise, 37(5), S183–S184.

[37] Handel, M., Horstmann, T., Dickhuth, H. H., & Gülch, R. W. (1997). Effects of contract–relax stretching training on muscle performance in athletes. European Journal of Applied Physiology and Occupational Physiology, 76(5), 400–408.

[38] 霍明, &陈立嘉. (2009). 康复治疗技术:神经肌肉促进法. 人民军医出版社.

[39] Mello, M. L., & Gomes, P. S. C. (2002). Efeito agudo de diferentes durações de alongamento sobre o pico de torque em membro inferior donanante: esmdo piloto. Annals of XXV Simpósio Internacional de Ciências do Esporte, 10–12.

[40] 陈金鳌, 相建华, &陈琉. (2011). 年龄和性别因素对力量训练后肌肉量变化的影响. 体育科学, 31(9), 57–62.

[41] 王明献, &李玉周. (2014). 有氧运动和力量训练不同顺序组合对超重大学生体适能的影响. 内蒙古师范大学学报: 自然科学版, 43(2), 259–264.

[42] 张颖, &李涛. (2011). 运动对生长激素的影响. 咸宁学院学报, 31(6), 81–83.

[43] Griggs, R. C., Kingston, W., Jozefowicz, R. F., Herr, B. E., Forbes, G., & Halliday, D. (1989). Effect of testosterone on muscle mass and muscle protein synthesis. Journal of Applied Physiology, 66(1), 498–503.

[44] Bhasin, S., Woodhouse, L., & Storer, T. W. (2003). Androgen effects on body composition. Growth Hormone & IGF Research, 13, S63–S71.

[45] 田野. (2006). 运动生理学高级教程. 高等教育出版社.

[56] 李山. (2004). 力量训练与相关激素变化的研究进展. 沈阳体育学院学报, 23(3), 278–280.

[57] Tremblay, M. S., Copeland, J. L., & Van Helder, W. (2004). Effect of training status and exercise mode on endogenous steroid hormones in men. Journal of Applied Physiology, 96(2), 531–539.

[48] Kraemer, W. J., Aguilera, B. A., Terada, M., Newton, R. U., Lynch, J. M., Rosendaal, G., McBride, J. M., Gordon, S. E., & Hakkinen, K. (1995). Responses of IGF–I to endogenous increases in growth hormone after heavy–resistance exercise. Journal of Applied Physiology, 79(4), 1310–1315.

[49] Rennie, M. J., & Tipton, K. D. (2000). Protein and amino acid metabolism during and after exercise and the effects of nutrition. Annual Review of Nutrition, 20(1), 457–483.

健身三分靠练，七分靠吃。

吃很重要！而健身中，吃更重要！

在正确的时间，吃正确的东西——在你已经重新认识了好身材、有氧运动以及抗阻训练之后，吃是紧跟着的更重要的一步。

营养理论或许听起来枯燥，但记住了之后，一定会受益终身的。

所以，还是老老实实地拿个小本子出来记笔记吧！

Chapter

当我们健身时，我们吃什么？

你为了能够减下去几厘米腰腿围，放弃了自己心爱的美食……你不敢再吃心爱的甜食糖果，也不敢再吃鲜美多汁的牛排烤肉。你的节制，很可能刚开始有一定的成效，但也很让自己苦恼。一方面，你放弃了很多生活中的乐趣，毕竟人生无非衣食住行；另一方面，你的节制渐渐不再那么有效，体重和腰围很久都不变了，你也没得到自己梦想中的身材。

都说健身三分靠练，七分靠吃。话虽然很俗，却是真理一般的存在。很多健身新手都觉得这句话说得太夸张，但实际上一点儿都不夸张。没有饮食的辅佐和补助，训练效果往往会大打折扣的。也许你运动了很久，每一个动作都做得到位，足够用心，几近完美，身材却毫无变化，这个时候，你就要研究一下你的食物了，是不是因为你没有吃对呢？

我们要想确保每一滴汗都有所得，就必须照顾到健身中的所有细节。我知道这听上去很烦，但坚持一段时间之后，当那些令你为之头疼的状况都习惯了，一切就变得轻松了。

最主要的是，我们并不是要教你节食或者茹素。事实上，健康地吃，并不会阻碍你成为一个吃货，反而有可能让你在吃的方面变得更为精致、讲究。

一、健身时到底该怎么吃，才能增肌又减脂？

开篇简单粗暴一句话：健身运动，练而不吃，等同白练。

也许，你是一位资深瘦子或欲练肌肉而不得的人士，我相信，你已经尝试过不少让自己的身材看起来更阳刚一点儿的方法。很多人会（不负责任地）告诉你，想要变壮，那就吃大量高热量、不健康的食物，比如，啤酒炸鸡吃到吐，大嚼巧克力顶到嗓子眼。

很显然，这些方法都不会让你得到自己想象中的好身材。

很多不幸的朋友，只是吃肥了肚腩，依然支棱着细瘦的四肢，更不幸的是，还可能因为摄取了太多饱和脂肪酸和低密度胆固醇而得了脂肪肝……

也许，你是一位想要减脂、瘦身、塑形的朋友。你为了能够减下去几厘米腰腿围，放弃了自己心爱的美食。某种程度上，也是放弃了自己生活中很大一部分乐趣。你不敢再吃心爱的甜食糖果，也不敢再吃鲜美多汁的牛排烤肉。你的节制，很可能刚开始有一定的成效，但也很让自己苦恼。一方面，你放弃了很多生活中的乐趣，毕竟人生无非衣食住行；另一方面，你的节制渐渐不再那么有效，体重和腰围很久都不变了，你也没得到自己梦想中的身材。

事实上，吃很重要！而健身中，吃更重要！

在正确的时间，吃正确的东西——在你已经重新认识了好身材、有氧运动以及抗阻训练之后，吃是紧跟着的更重要的一步。营养理论或许听起来枯燥，但记住了之后，一定会受益终身的。所以，还是老老实实地拿个小本子出来记笔记吧！

⊙1.卡路里篇

作为营养热量的单位，卡路里是19世纪美国化学家威尔伯·阿特瓦特首先提出的，一直到现在也没有做出过修改。目前最流行也最被大家接受的说法是：只要一个人吃进去的总卡路里数小于他支出的卡路里数，他就一定会瘦。相信也有不少人在健身减肥的时候，每天都依照食品包装袋上的卡路里营养表计算每餐每顿的饮食摄入，甚至对食物的热量值了然于心，希望通过严格的热量控制来实现体重的减少。然而，事情真的有那么简单吗？

不同营养素消耗热量的方式是不同的

众所周知，人类的饮食供能主要由蛋白质、碳水化合物和脂肪三大营养素构成。人们通常将这三大营养素所提供的热量大致记为：每克蛋白质和碳水化合物提供的热量（能量）大约为4千卡，脂肪为9千卡。但事实上，这三大营养素所蕴含的卡路里的意义是不同的，它们的差异并不单单是靠所能提供的热量值来区别的。

举个简单的例子，蛋白质提供的热量虽然与碳水化合物相似，但是富含蛋白质的食物和主要由碳水化合物组成的食物，吃下去之后被人体消化吸收，所需要消耗的能量完全不同。事实上，消化蛋白质所需要的能量是消耗相同数量的脂肪所需要的能量的五倍。而很多碳水化合物，比如糖或蜂蜜，它们几乎不需要消化就能直接进入身体，被人体吸收储存。

所以，即使从卡路里的角度来看，一个鸡蛋的热量可能比一根棒棒糖的热量来得高，我们也应该在健身减肥中多吃鸡蛋而非棒棒糖。

身体降解食物是有限度的

减肥的同学一定都听过少吃坚果的理论，因为绝大多数坚果，比如杏仁、花生、核桃等，卡路里数都高得吓人。按照卡路里增减的减肥理论，自然是尽可能地杜绝这种高卡路里的食物。然而，你吃下去的坚果真的可以完全被身体消化吸收吗？

实际上，人类消化不了全部的坚果。

美国农业部的一份研究就曾表明，进食一份杏仁仅能获得120余千卡的热量，而非标签上写的170余千卡。而坚果内饱含的必需脂肪酸、抗氧化剂、钾、镁、纤维和蛋白质却对人的身体非常有好处！

食物的加工方式导致其被吸收的效率并不相同

对于人体而言，绝大多数食品经过烹饪加工后，摄入的热量会变得更多。比如蛋白质和碳水化合物，在加热后，人体摄入的热量都能明显增加。所以，我们在选择食物的时候，最好选择人工加工少的食物。也就是说，比起白米，糙米更好；比起精面，有麦麸的全麦面更好。

光是以上几点，我们就能看到，卡路里计算对减肥的效果并没有大家认为的那么简单。它是一个很复杂的数学题，变量很多，远非加减乘除所能决定。

然而，卡路里计算也并非全无用处，在目前没有更科学的营养计算方式可供我们选择的情况下，一定程度上借鉴卡路里计算来健身减肥，还是有很多好处的。

不过，关于饮食，除了卡路里，我们应该试着了解更多，以确保我们能合理地设计我们的饮食结构，让减肥更有效率，更加健康。

卡路里外的饮食指标：胖与饿的救赎，血糖生成指数

卡路里作为食物热量计算方式有很多不准确的地方，那么，我们应该用什么办法来解决这一问题呢？这里需要引入一个对减肥、健康都很有实用意义的概念：血糖生成指数，即GI值。

血糖生成指数，是反映食物引起人体血糖升高程度的指标，是用来描述食物被人体消化吸收的速度和机体血糖生成的应答状况的。

简单粗暴地讲，对于减肥的意义，高GI值就代表着一种食物吃下去容易被储存成脂肪，以及吃完后容易饿。

有研究证明，长期吃高GI值的食物，更容易得糖尿病等代谢疾病。[1]低GI值的食物则相反，被人体吸收后不容易导致发胖，也不容易导致饥饿。

导致这种差异的原因主要有以下几点：

第一，高GI值的食物在进入肠道后，身体的消化吸收率更高、更快，从而使得葡萄糖能迅速进入血液中，导致高血压和高血糖等反应的产生，还会引发较高的胰岛素水平，而胰岛素的主要作用是促进糖原、脂肪和蛋白质的合成，从而使得吃下去的食物更容易被储存为脂肪。

第二，低GI值的食物在进入肠道后，停留的时间比较长，被身体消化吸收的效率相对缓慢，这样就使得体内的血糖指数比较稳定地上升，不会有一个突然的峰值出现，所需要的胰岛素也相应较少，引发的胰岛素水平较低，从而有效地控制了血糖的波动。并且低GI值的食物一般更容易产生饱腹感，能帮助身体燃烧脂肪，更好地实现瘦身目的。

这也就可以解释为什么一些白面包，明明热量很高，但是吃完很容易感到饿。因为白面包的GI值比较高，被人体快速吸收后容易很快引起血糖升高，而血糖高则会导致相应的胰岛素增加。胰岛素一增加，脂肪储存效率就会提高，而且胰岛素的持续增加，使得体内的血糖快速下降。血糖下降，人体又会产生饥饿感……从而进入一种恶性循环。

换句话说，食物的血糖生成指数越高，某种程度上该食物吃完越容易感到饥饿，越容易使人发胖。同时，因为血糖长期不稳定的波动，很可能会把胰腺累得要死要活，这还会增加胰腺炎的发病率。另外，由于你胰岛素抵抗高了，你还可能得2型糖尿病。

但如果你吃的是粗粮等低GI值的食物呢？

情况正相反，虽然粗粮面包热量不高（消化率也低些），但是由于GI值低，糖类在小肠内吸收缓慢[2]，所用时间很长，可以维持血糖指数的相对稳定，这就会让体内的胰岛素分泌正常且稳定。

这就是无论是减肥类还是健身类文章都推崇粗粮的原因，它不仅能减少热量的摄入，让你不发胖，还能变得健康。要知道，我们现代人每日摄入的热量是超标的，即便是不健身的人，我们也推荐将主食改为粗粮。

于是就有同学问了：那什么食物的GI值比较高？

常见的有精米精面、面包糕饼、熟的去皮根茎类食物、糖果等。简单来讲，就是越经过精制加工、去粗存精的食物，GI值越高。其中最需要杜绝的是单纯的糖（食品配料表里常见的是白砂糖、果葡糖浆、玉米糖浆）等，比如富含糖的汽水、果汁、糖果、糕饼。它们不但GI值高，吃了容易胖容、易饿，而且由于添加了大量的食品添加剂，对人体有非常大的危害。

与此相对应，GI值低的食物一般是粗粮、瘦肉、坚果等没有经过精加工的食品。在日常生活中可以多吃，或者部分替代高GI值的食物。

当然，GI值的高低也不是判断食物是否健康的唯一标准。高GI值并不一定代表非常不健康，比如有些水果蔬菜的GI值可能也比较高（胡萝卜的GI值就很高），但从营养摄入的角度来讲，它们就比较健康；而有像巧克力豆、士力架等脂肪含量高的食物，GI值相对而言比较低，但是并不健康，我们在日常生活中也应该尽可能减少食用。

此外，大家还应该在运动后多吃高GI值食物，这能更好地促进身体的吸收和恢复，这也是健身减肥最爽的时候。关于这一点，我们在下面的健身饮食——碳水化合物篇还会详细讲到。

概念理解了，之后的就简单了。想一想自己平时喜欢吃的、常吃的食物，查一查GI值，并相应地进行调整。一般GI值高于60的食物你就要警惕了，一下子完全杜绝，听上去有些困难，但试着找一些相似的替代品，并逐渐减少，可能是个不错的办法。

⊙2.健身饮食——蛋白质篇

蛋白质，作为食物三大营养素的重要组成部分，与人体的生长发育、细胞修复、免疫力、激素和酶的活性等密切相关。蛋白质能帮助合成和修复细胞组织，促进激素、酵素、抗体发挥作用，起到保持身体的酸碱度平衡、维持正常的激素分泌等作用。

打个比方来说，蛋白质对于我们的身体就好比润滑油对于器械，能帮助我们的身体"折旧"得没那么严重，始终像崭新的一般顺畅、自然。

这样的一种物质对减脂的作用当然不可小觑，日常饮食中如果采用高蛋白的模式，能非常有效地起到较少增重和防止体重反弹的作用。为什么呢？这就要追溯到很久很久以前了。

在故事的开始，有一群非常接近猴子的人类，经历了十几万年的进化，已经逼近食物链顶端的他们，早就不再满足于吃野果、草根来充饥了。高智商（相比其他物种）的他们已经可以通过捕获其他动物来满足自己日常的热量需求。即使打不到大的动物，他们也可以通过收集各种昆虫来满足日常的热量需求。在那个时代，蛋白质热量占我们祖先摄入总热量的20%～35%！[3]我们几乎可以说，多亏了那些猴子，我们才能拥有今天的一切啊！

白驹过隙，时光荏苒，一眨眼，人类就甩掉尾巴进化成了现在的样子，不仅智商更高了，能力也变得更强了。我们通过各种各样的手段获取食物并制造食物，而当食物不仅丰富，还能方便地获得时，我们的饮食内容也跟着发生了改变，从蔬菜、水果到粮食、肉类，从生物的原始形态到如今的千奇百怪，我们摄入的蛋白质终于沦落到可怜的16%。至于后果，我们也都看到了：现代人具有很高的肥胖率，同时，肥胖带来的心脑血管和代谢性疾病（比如糖尿病）发病率也比从前高得多。

人类的饮食结构改变并不算远，相比整个浩瀚的历史，也不过是这一两千年的事。第二次工业革命促进了电力、化工等新兴产业的盛行，而这些大的概念落实到我们的生活当中，除了衣、住、行，最大的就是食物的改变。我们不能说饮食结构的改变是现代人肥胖和疾病高发的全部原因，但不得不承认，在进化的路上，我们的身体远远被我们的生活所抛离。

当然，现在的我们已经没有办法完全回到远古狩猎时期了，老祖宗吃什么，我们吃什么的情况也不太可能发生。但是，目前很多研究发现，如果调整饮食三大营养素的摄入结构，将蛋白质水平提高到与这几十万年进化阶段的水平相仿，我们的体重也会明显降低，体脂也会明显减少。

在一项研究中，研究者对50名超重和肥胖的受试者进行实验，将受试人员平均分为两组，一组采取25%的高蛋白饮食，另一组采取20%的低蛋白饮食，其他的参数均不改变。实验结果表明，在6个月的时间里，高蛋白组比低蛋白组多减了将近一倍的重量，平均减去了9.4公斤。不仅如此，在接下来的6个月里，高蛋白组比低蛋白组还多减去了10%左右的腹部内脏脂肪。[4]

同样，在另一项6个月的实验中，高蛋白组也比低蛋白组减去了更多的体重（8.8公斤对5.1公斤）和脂肪（7.6公斤对4.3公斤）。[5]

除此以外，高蛋白饮食对维持体重、防止体重反弹也有很好的效果。有研究发现，仅仅把饮食中蛋白质摄入的比例提高3%，就可以减少50%左右的体重反弹。[6]

那么，为什么仅仅提高蛋白质在饮食中的比例结构，就能有这种效果呢？这种现象的发生，主要是由以下几点决定的：

首先，高蛋白饮食会增加饱腹感。吃蛋白质含量丰富的食物会让人觉得肚子更饱，更有满足感。目前绝大多数观点认为，这可能和大脑调节食欲的机制相关。有研究发现，大脑调节食欲的机制可能和血清氨基酸的浓度有一定的相关性，血清氨基酸浓度可以对食欲进行调节。而高蛋白饮食提高了血清内氨基酸的浓度，让人们吃得更少，不容易饿，也不那么馋。[7]

另一方面，人类的身体没有储存蛋白质的能力，大多数蛋白质吃进肚子里都会被消化掉，消化不掉的部分则会转化为尿素排出体外，而不像碳水化合物和脂肪，即使是无法被身体及时消耗掉的部分，也会充分地被身体吸收并储存成肚子上的肥油。

所以，提高蛋白质在饮食结构中的比例，可以导致碳水化合物和脂肪的比例相应降低，从而有利于身体减少可储存的热量与脂肪。

除此之外，蛋白质吃得多，还会增加身体平时的能量消耗速度，尤其是蛋白质中的支链氨基酸。研究发现，如果在小鼠的高脂肪饮食中提高一倍的支链氨基酸，与不摄入同等支链氨基酸的小鼠相比，热量的消耗值有明显的增加，多了足足15%。同时，相对于不摄入支链氨基酸的小鼠，实验组的小鼠体重减少了32%，体脂含量减少了25%。[8]

最令人欣喜的一点是，目前的研究表明，中高等水平的蛋白质摄入不会对健康人的身体产生负面影响。对于身体正常的人而言，适当多吃些蛋白质食物对人体是非常有利的。[9]

当然，我们这里讨论的高蛋白饮食，指的是在保证三大营养素都均衡的情况下，适量提高一些蛋白质的比例，而不是极端地通过大量提高蛋白质，减少碳水化合物和脂肪来实现减脂。而且如果你已经患有肾脏类的疾病，由于蛋白质的消化会加重肾脏负担，还是少摄入蛋白质为好。

增肌塑形——添砖加瓦的蛋白质

介绍了高蛋白饮食对于减肥和瘦身的效果，下面我们来聊聊资深瘦子们和旨在增肌的人士感兴趣的话题——为增肌事业添砖加瓦的蛋白质！

首先明确一点，无论为了身材还是健康，如果你的体形比较单薄，你的目标都应该是增长肌肉围度，让自己看起来英武，做到穿衣显瘦、脱衣有肉，而非长一身肥膘。要知道，如果吃高热量垃圾食品导致的肥胖，尤其是向心性的内脏肥胖，给内脏和身体带来的健康压力远比你想象中的可怕。

值得开心的是，已经有很多偏单薄的朋友正在进行力量训练健身，以此希望达到改善身材的目的，但最后的效果不尽相同。有些人效果不错，有些人的肌肉增长则没有希望的来得那么明显。我身边也有很多有类似问题的朋友，对比发现，健身中、健身后的饮食改善，是此类朋友很好的切入点。而蛋白质，在增肌塑形的饮食架构里，有些举足轻重的地位。

瘦人之所以瘦，其实是有很多天生因素的，如代谢水平、激素水平、肠道菌群等一系列原因，这决定了他们不太可能聚集太多的脂肪。幸运的是，这些先天的因素并不会限制他们生长肌肉，不仅如此，瘦人体内的一些激素水平可能还会有利于肌肉的生长。

既然我们说，通过力量训练增加自己的肌肉围度，是解决单薄身材最好、最健康、最简易的方法，那么为了训练中的极限增肌，我们就需要加强肌肉蛋白质的合成速率。为此，健身饮食就是很多朋友需要改善的重要因素之一！尤其是摄入的营养种类、配比和时间。

关于补充蛋白质与肌肉生长的相关性，首先我们要知道，力量训练后的3个小时，是肌肉生长的黄金时间。此时，肌肉中蛋白质合成速率提高了3倍多。[10]肌肉正在非常积极地生长和修复。

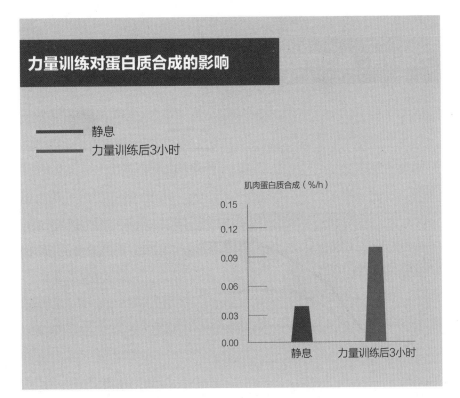

而由于肌肉蛋白质的合成速率增加，身体对于蛋白质的需求也大大增加。不仅如此，肌肉蛋白质的合成代谢和分解代谢也随着抗阻训练的进行而增加。如果单单以氮平衡做研究，力量训练会使身体对蛋白质的需求量提高约100%。[11]如果这时能恰当地摄入蛋白质，就可以大大促进肌肉的合成速度和效率，从而增加肌肉重量，这一点对于力量训练运动尤其明显。

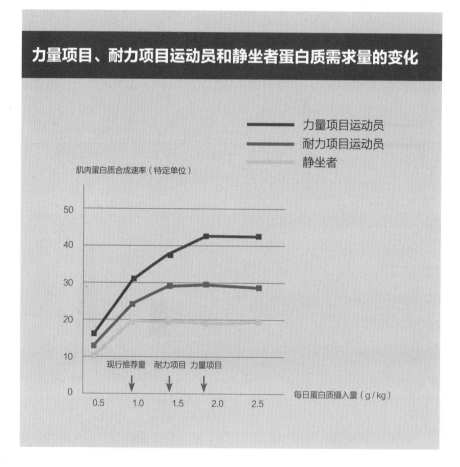

正如我们在高蛋白饮食对减脂瘦身的重要性里提到过的，提高营养架构的蛋白质比例，还可以有效避免体内脂肪的增加，让你壮而不胖，增肌却不增脂。

不仅如此，在健身训练中摄入蛋白质，从激素方面看也有助于肌肉的生长。比如睾酮，训练过程中，蛋白质的补充能很好地促进睾酮的分泌。[12]而睾酮的主要作用是提高人的雄性表现，增加人的竞争心和竞争能力，帮助促进蛋白质合成和肌肉生长，并且睾酮还能增加身体内红细胞的数量，从而改善血糖含量，降低血压，增加胰岛素的敏感性，降低胆固醇和体脂肪，提升肌肉强度。

总的来说，为了实现增肌塑形的目标，健身中、健身后都应该补充足量的优质蛋白质。

那么就有人问了：到底多少蛋白质才是增肌塑形的合理摄入量呢？

研究表明，正常人的蛋白质需求大约为0.8克/公斤/天，力量训练运动员的蛋白质适宜摄入量为1.6～1.8克/公斤/天[13]。而健美运动员，由于其对肌肉的破坏和重构的程度比其他的训练方式更大，所以可能摄入的蛋白质更多些，有研究认为3.5克/公斤/天左右比较适宜极限增加围度的训练。[14]

在实际生活中，我们可以采用健身中和健身后摄入乳清蛋白粉等简便操作，来实现蛋白质的及时供给。如果你比较喜欢天然食品，那么脱脂奶和鸡蛋清也是很好的选择。至于牛肉、鸡肉等纯瘦肉，营养上基本符合要求，但是不太利于肠胃的消化吸收，所以个人不建议在健身中补充，健身后的那一餐倒是可以好好犒劳一下自己。

所以，如果你是旨在增肌塑形的力量训练者，按照日常合理的蛋白质摄入量1.6～1.8克每公斤来计算，在运动中和运动后按1.2克每公斤来摄入蛋白质较为适宜。也就是说，如果你70公斤，你应该在运动中和运动后的那一餐，一共摄入84克蛋白质。拆分到具体的时间段里，你可以选择在运动中吃30g左右蛋白粉（大约一勺），也可以选择一瓶脱脂牛奶，或者几个鸡蛋的蛋清。在运动后的那一餐里，吃巴掌大小的瘦肉和一些主食。这样，你一天的蛋白质摄入就能很好地满足了。

⊙3.碳水化合物——最重要的营养，让肉长在该长的地方

讲完了蛋白质对健身塑形的影响，我们再来聊一聊碳水化合物对力量训练的重要性。

关于蛋白质我们已经介绍了很多，不过令很多朋友惊讶的是，从总体上来看，简单的碳水化合物，比如运动饮料、糖、蜂蜜、水果、粮食等，才是极限增肌饮食最主要的构成部分。

事实上，碳水化合物是人体重要的糖原来源，而在运动过程中补充碳水化合物，是运动营养不可或缺的方法。

一般来讲，根据目的的不同，运动中碳水化合物的补充可以分为运动前、运动中和运动后三种方式。而不同时间段补充糖原的目的，都在于帮助增加体内糖原的储备量，从而维持长时间运动时血糖浓度的相对稳定，帮助改善耐力，提高运动能力。

运动前的碳水化合物补充

关于运动前的碳水化合物补充，一句话：一般的健身者，可以并且最好在运动前两小时摄入低血糖指数的优质碳水化合物。这样做的好处，一是促进运动表现，增加运动耐力；二是促进脂肪的分解；三是不影响运动中生长激素的分泌。

一般而言，训练前两小时左右进食低血糖指数的碳水化合物，既可以保证训练中的能源供给，又可以保证食物已经被消化，不会引起训练中的肠胃不适感。我们在上面已经讲过低GI值的食物在增肌减脂方面的好处，实际上在运动前摄入GI值低的食物还能带来训练上的好处。

与通常的认知相反，比起高血糖值的食物，低GI值食物更能提高运动耐力。[15]这也就是说，在训练前吃燕麦片，可能会比吃糖、吃白面包更能提升你的运动表现。一个实验中的数据显示，低GI组比高GI组的21千米跑时间缩短了2.8分钟。所以，如果你经常完不成训练，细细想想，会不会是因为你训练前吃的东西不对呢？

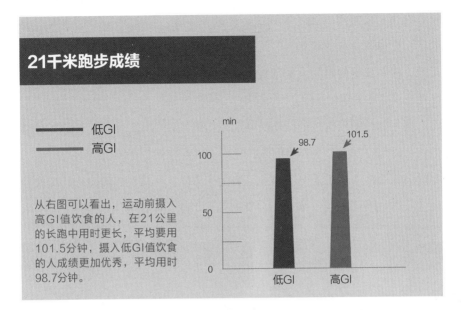

21千米跑步成绩

———— 低GI
———— 高GI

从右图可以看出，运动前摄入高GI值饮食的人，在21公里的长跑中用时更长，平均要用101.5分钟，摄入低GI值饮食的人成绩更加优秀，平均用时98.7分钟。

运动中及运动后的碳水化合物补充

人体在运动过程中会消耗肌糖原，力量训练更是主要依赖肌糖原供能，而当肌糖原下降时，运动能力和运动耐力都会相应下降。目前绝大多数的观点都认为，肌糖原的耗尽和血糖浓度的降低是导致运动疲劳的主要因素。所以，在运动的过程中，适当地补充碳水化合物，可以提高血糖水平，增加肌肉的糖氧化，从而增加对外源性能源的利用，并起到节约肌糖原、减慢肌糖原耗竭、延长运动时间、提高运动效率的作用。

而运动后的碳水化合物补充则最为重要。碳水化合物的消化吸收与身体里的胰岛素分泌密切相关。简单来讲，身体里的胰岛素主要起到帮助身体恢复的作用，具体内容包括能源储备、肌肉合成、脂肪合成，等等。在某种程度上，我们可以把胰岛素理解为一个搬运工。哪里最需要能源，它就会把能量（糖或氨基酸）运送到哪里，供其使用。

在蛋白质篇里，我们提到过，力量训练后，肌肉蛋白在3个小时内会处于一个加速合成的状态。[16]此时请你想象，你训练的肌肉就像一个建筑工地，需要大量的水泥（氨基酸、糖），如果水泥的提供跟不上，很容易导致建设速度的缓慢。

我们健身塑形的目的就是希望实现指哪儿打哪儿，尤其是希望通过肌肉训练让部位变大、变丰满的人，比如女性练翘臀，男性练胸肌等。那么力量训练后，让胰岛素把营养搬运到训练部位，就是很好的方法。考虑到训练后3小时是肌肉生长黄金期，此时如果不吃，你很可能就错过了肌肉生长的时机。而后面再吃，这些营养可就奔着转化成脂肪去了。

所以，如何促进训练后胰岛素的分泌呢？这就要靠合理地摄入碳水化合物啦！

研究表明，训练后立即补充碳水化合物，比训练结束数小时后再补充碳水化合物，更能增加肌糖原的合成。同时，运动后立即补充碳水化合物，还可以高效率地刺激胰岛素的分泌，让身体得到恢复和增长。[17]而且为了加速胰岛素的分泌，此时我们需要摄入可使血糖速升的GI值高的食物。

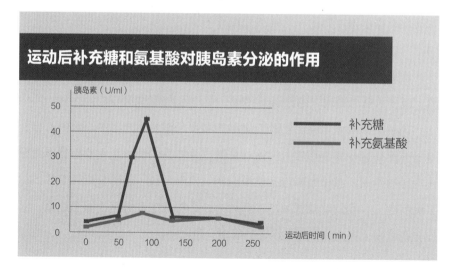

那么，吃多少碳水化合物比较合适呢？

很遗憾，目前学界对这个事情的研究并没有一个非常确定的结论。不过健身等领域比较推荐的饮食摄入量是在运动中和运动后2小时内至少摄入1.2克/每公斤（体重）的碳水化合物，而每日的合理碳水化合物摄入量，最好能在5克/每公斤的范围内。[18]

还是以体重70公斤的标准来衡量，在运动中和运动后2小时内，你至少要摄入84克碳水化合物，其余时间段再均衡分配，保证一天的碳水化合物摄入量为350克左右即可。

对于觉得严格按照重量走太麻烦的人，我个人的建议是，增肌健身运动中，你可以自己配一份运动饮料，大概是30克左右的蛋白粉加几大勺蜂蜜，更懒一些的同学也可以直接用脱脂奶加白砂糖来代替。

或者你也可以通过吃点儿糖果、喝一瓶运动饮料来在运动中补充碳水化合物。当然，带些香蕉、苹果、葡萄等高糖分的水果也是很不错的选择。

如果你是严格追求细节和极限的高级玩家，运动中摄入碳水化合物：蛋白质比例为3∶1的运动饮料对于健身运动中睾酮等相关激素的促进是最明显的。[19]其主要原因是糖加高蛋白质（CHO∶PRO = 3∶1）营养能促进睾酮向双氢睾酮转化，这一转化可以促进机体脂肪组织和糖类的供能（睾酮可以降脂），从而促进机体运动能力恢复。希望最优化运动效果的同学，也可以用蛋白粉加糖轻松配比运动中的饮料。

运动后的那一餐，为了高效地提高胰岛素的分泌水平，你可以尽情享受一顿高血糖指数的正餐，摄入100～200克的优质碳水化合物。如果你没有时间吃一顿正餐的话，也应该尽可能在短时间内补充优质碳水化合物，比如可以用脱脂奶和燕麦片或者脱脂酸奶和谷物早餐之类的搭配来及时补充蛋白质和碳水化合物。

还是那句话：练后不吃，视同白练。所以，谨记运动后及时补充营养。

⊙4.脂肪——关键在于时间

介绍完蛋白质和碳水化合物，最后谈一谈让人又爱又恨的脂肪。

虽然减脂塑形的人并没有多少喜欢脂肪，但脂肪其实是非常重要的营养！

脂肪在人体内构成细胞组织，并促进细胞运作，它还起到保温和保护器官的作用，并且还能帮助吸收脂溶性维生素。在平时适当地摄入脂肪，能制造激素，促进睾酮等激素的分泌，对增肌减脂都很有作用。

关于饮食中脂肪摄入对肌肉增加的作用，研究表明：减少饮食中脂肪的摄入量和用多不饱和脂肪酸替代饱和脂肪酸后，会明显减少血液里睾酮的水平。所以有研究者曾建议：为了防止血液里睾酮水平显著下降，健美运动员在非赛季的饮食结构里，脂肪的摄入比例应该占15%～20%，同时还应该注意摄入部分饱和脂肪酸。

所以，即使是为了减脂塑形，在健身饮食中，也不能不摄入脂肪！

在这里我再强调一下，大多数食物其实并没有好坏之分（当然，除了反式脂肪酸之类的东西），对于食物而言，能够区分好坏的只是该食物的摄入量和摄入时间。套用一句话，在健身饮食中，抛开摄入量和摄入时间谈坏食物的，都是耍流氓。

既然说到了摄入时间的问题，脂肪的特点也就显露出来了。与蛋白质和碳水化合物这两大营养素不同的是，虽然说健康的脂肪是人类所必需的，合理地摄入健康脂肪对减脂塑形也有积极意义，但是，在健身训练前后的两个小时内，请远离脂肪！

训练前，不要摄入脂肪！

在碳水化合物篇，我曾经说过，训练前2小时吃低GI值的食物可以增强运动表现，促进脂肪的消耗。你可能会觉得：既然是这样，那么我训练前吃脂肪类的食物可以吗？比如士力架、巧克力等，它们热量高、糖分高、供能快，同时，脂肪含量还很高，导致GI值比较低，不是符合你说的训练前要吃低GI值食物的要求吗？

事实上，也有很多人是这样做的，下班后去健身房，来不及吃饭，又怕低血糖，于是匆匆吃块巧克力充饥。但是可惜啊，虽然高脂肪的食物GI值比较低，但是它们并不是训练前的理想饮食。在训练前，切勿摄入脂肪！

为什么呢？

一方面，脂肪的摄入会影响训练水平，限制血液流入肌肉，更重要的是，健身前摄入脂肪，会影响你训练时的生长激素（简称GH）生成水平。

有学者曾经做过实验，让受试者在训练前分别摄入三种不同的食物，一种是0卡路里的安慰剂，一种是含脂肪的液体食物，最后是高葡萄糖饮料。

研究结果发现，受试者在经过10分钟高强度的自行车运动后，生长激素生成水平产生了非常明显的差异。摄入高脂肪食物的小组，其生长激素生成水平大概只有高葡萄糖组水平的一半，连0卡安慰剂组的一半都不到……[20]

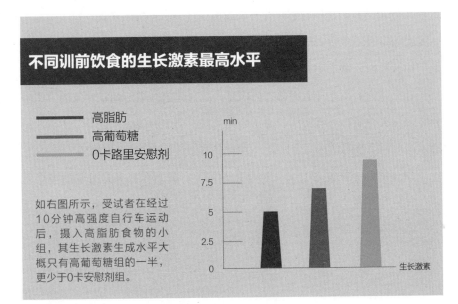

不同训前饮食的生长激素最高水平

高脂肪
高葡萄糖
0卡路里安慰剂

如右图所示，受试者在经过10分钟高强度自行车运动后，摄入高脂肪食物的小组，其生长激素生成水平大概只有高葡萄糖组的一半，更少于0卡安慰剂组。

生长激素可以加速脂肪的分解，有利于生长发育和组织修复。它的生成能促进蛋白质合成，抑制外周组织对葡萄糖的利用，减少葡萄糖的消耗，加速脂肪的分解，使机体的能量来源由糖代谢向脂肪代谢转移。[21]一句话，生长激素是增肌减脂的重要激素。

但训练前吃高脂肪的食物会使得生长激素分泌变少，这就会相应地影响到你身体的恢复和增长，以及你减脂塑形的效果。研究人员认为，之所以高脂肪的摄入影响到了GH的生成水平，是因为脂肪的消耗会产生生长激素抑制素——一种会降低GH生成的反向激素。

所以，为了能在训练时拥有更高效、更有利的训练水平，我再次重申一遍：训练前，请绝对绝对不要摄入脂肪！

训练中、训练后2小时内，不要摄入脂肪！

既然训练前不能摄入脂肪，那训练中和训练后可以吗？

答案是，训练中、训练后2小时内，也请远离脂肪。

原因也是我们曾经在碳水化合物篇提到过的，训练中和训练后一定要摄入高血糖指数的食物。因为一般人经过剧烈的运动，体内的糖原消耗明显，肌糖原和肝糖原储备明显减少，甚至排空，这时我们需要摄入大量碳水化合物，补充体内的糖原与血糖储备。而且人的身体是会进行超量恢复的，当身体觉得这次的能源不够使用，储备会比上一次更多的能源来进行工作。此时摄入高血糖指数的食物，会比摄入低GI值食物产生更多的糖原储备。[22]

身体的超量恢复过程需要胰岛素的调节，而刺激胰岛素分泌的主要是碳水化合物和蛋白质。至于脂肪，它不但很难有效刺激血糖指数，甚至还会拉低整体的血糖升高速度。

在一项针对自行车运动员的研究中发现，在运动员力竭后运动恢复期间内，摄入高血糖指数的食物可以明显地提高糖原的合成速率与数量，而且血糖和胰岛素的浓度明显高于摄入低血糖指数食物的对照组。[23]

最后一点，在训练中、训练后常常会出现身体消化能力差的情况，这时更不应该摄入脂肪类食物，因为大多数情况下，胃排空速率的排名是糖＞蛋白质＞脂肪。训练中、训练后摄入脂肪类食物，很可能会出现肠胃不适的情况。所以，健身中也不要摄入脂肪。

二、运动对食欲的影响

关心健身饮食的人，经常会问一个问题，运动到底会对食欲产生什么样的影响？比如跑步、骑车、力量训练，到底会让人觉得饥肠辘辘，还是没那么饿了？

先给出结论：

跑步等有氧运动可能会让食欲增强，让身体处于增加体脂、体重的状态。无氧运动则相反，长期的力量训练，可能会让食欲降低，让身体处于减少体脂、体重的状态。

这也就是说，如果你长时间从事跑步或骑自行车等运动，你的食欲可能会越来越好，但如果长期进行无氧运动、力量训练，却不会让你总是饥肠辘辘，食欲反而会有所下降，从而更好地实现塑形减脂。

当然，短期运动的话，结论可能正相反。不过，由于短期内的实验容易受诸多因素影响，所以其结论对现实的指导意义不大，我们这里就暂且不做讨论。

至于原因，在谈及食欲前，我们先请出两个与食欲密切相关的角色：瘦素和生长激素。

瘦素和生长激素都是对于食欲影响比较大的人体激素。

瘦素和中枢神经的系统受体结合，通过下丘脑的调节作用，影响饱食中枢。[24]所以瘦素可以促使机体减少摄取食物，增加能量支出，进而使体重减轻。

而瘦素的分泌与食欲呈负相关，瘦素增加则食欲减少，瘦素减少则食欲增加。（肥胖症患者会产生瘦素抵抗等，这就意味着即使瘦素分泌很多，也不起作用，与本文无关，暂不多谈。）

目前的研究证明，长期进行有氧训练，瘦素水平会明显降低。曾有一项研究，先对老年妇女进行了2个月的柔韧训练，之后再进行长达9个月的有氧训练。结果证明，耐力训练导致被试者的血清瘦素明显降低。[25]同样也有研究证明，马拉松运动员的瘦素水平是正常人的三分之一左右。[26]

分析其原因，有人认为是瘦素的分泌水平常常是和体脂含量相关而导致的，身体内体脂含量越低，瘦素的分泌也就越低。大多数有氧运动引起的瘦素水平的降低，都是因为大家的体脂含量下降了。所以身体希望你能多吃，多长肉。（这是人类为了生存进化而来的模式，是没有办法改变的。）尤其是专业运动员，他们的体脂含量很可能是在健康和正常标准之下的。

不过，长期的抗阻运动，比如你只做力量训练，也会让体脂明显降低。请注意了！有不少研究都证明，长期进行力量训练，在体脂降低之后，瘦素的水平反而会独立于体脂变化之外，相对增加了。[27]

这也就是说，力量训练让你的体重减少了，身体变紧致了，体脂降低了。同时，身体并没有像有氧运动减脂一样，进入急于长回体重和体脂的状态，反而希望自己能变得更瘦。听上去是不是棒极了？

学者们猜测，这很可能是因为瘦素在人体未分化的肌细胞中高度表达。而长期进行抗阻训练，瘦体重增加，也就是肌肉增加，这与瘦素水平的相应升高是一致的。

同样，生长激素方面的研究结论，也很接近瘦素。

一般认为，生长激素的水平增加会引起食物摄入量的增加，也会增加个体的体脂肪含量和体重。[28] [29]这就是说，与瘦素正相反，生长激素是大家恨之入骨的体重增加激素。

而目前的研究发现，长期进行有氧运动，是会让生长激素水平增长的。结合上面提到的长时间有氧运动会让瘦素水平降低，所以长期的有氧运动只会让身体一直处于饥饿、长脂肪的状态，越跑越饿，越跑越胖。

当然，值得庆幸的是，很多研究也发现，长期的力量训练会让大家的生长激素水平降低（食欲降低）。[30]再结合上面提到的长期进行力量训练后，瘦素水平反而会相对增加，这就意味着越做力量训练，你的体脂会越低，身材会越好。

现在综合地总结一下运动方式对食欲的影响：

长期的有氧运动，会导致生长激素水平增高，瘦素水平降低，身体会处于饥饿和需要增长脂肪体重的状态中。

长期的抗阻训练，会导致生长激素水平降低，瘦素水平升高，身体处于饱足和降低脂肪体重的状态中。

明白了吗？

三、为什么健身者只吃牛肉、鸡肉而不吃瘦猪肉？

提到猪，不少人的第一反应就是"胖"，因为其体形的原因，猪肉被认为是脂肪含量很高的肉类。

然而，你嫌猪肥，猪还嫌你肥呢！

事实上，家猪的体脂肪率仅有15%左右，要知道，成年男性的标准体脂范围也在15%～18%之间，而女性更高一些，在25%～28%之间，也就是说，从体脂率的角度来看，猪比我们绝大多数正常人都要瘦！

不仅如此，与备受推崇的瘦牛肉、鸡胸肉等增肌食材相比，猪肉的营养价值也并不差，甚至可以说是各有所长！

100克瘦猪肉：热量（千卡）143.00、碳水化合物（克）1.50、脂肪（克）6.20、蛋白质（克）20.3。

100克鸡胸肉：热量（千卡）133.00、碳水化合物（克）2.50、脂肪（克）5.00、蛋白质（克）19.4。

100克瘦牛肉：热量（千卡）106.00、碳水化合物（克）1.20、脂肪（克）2.30、蛋白质（克）20.20。

但为什么国内健身者只吃瘦牛肉、鸡肉，而不喜欢吃猪肉呢？

个人认为，健身者不吃瘦猪肉的原因，主要是健身文化和烹饪方式导致的。

⊙1.健身文化

健身、健美运动是舶来品，直到现在，大多数健身者仍会参考国外健身明星的食谱来制订自己的健身饮食方案。而他们效仿的健身明星，大多数都是美国国籍，如美国当地出生的健美高手乔·卡特、菲尔·希斯、罗尼·库尔曼等，以及后来移民的阿诺德·施瓦辛格等。大家应该都承认，美国是健美健身文化的发源地和中心。

牛肉和鸡肉，在美国的饮食文化中，不言而喻，是非常重要的。美国每年的牛肉消费人均高达43公斤，而鸡肉更高达44.3公斤。而我国肉类消费以猪肉为主。据统计，猪肉、禽肉与牛肉的消费比例为61.6：22.2：8.7（单位为公斤）。也就是说，相对于美国的人均消耗量，中国的鸡肉消耗量不足其50%，而牛肉消耗更是只有其20%左右。即使刨去美国饮食文化本身肉类消费就比较高的因素，其中的差距也非常大。总结一下，从肉类消费的角度来看，中国人以猪肉消费为主（中国平均每年消耗70万吨猪肉，超过美国猪肉消费量的一倍），而美国人则以牛肉和鸡肉消费为主。

而这种肉类消费上的差异，导致国内舆论一直认为：国外健身者就是吃牛肉、鸡肉吃健壮的，中国人练不壮就是因为吃的是猪肉而不是牛肉。甚至还有人认为：这种饮食差异直接导致了国内和国外健身者的水平差距。最后形成了某种牛肉、鸡肉的饮食崇拜。

那么就有人问了，如果牛肉和鸡肉并不比猪肉好多少，那为什么美国人不吃猪肉呢？事实上，在美国人的祖先欧洲人的饮食中，猪肉就一直比较少，这种现象是欧洲的地域文化导致的。由于不是非常纯粹的农业文明，缺乏养猪的基础条件，欧洲人直到中世纪，还没有完全驯化野猪。而我国则是驯化家猪最早的文明，出土的商代豕形铜尊，圆头圆脑，就已经很像现代的家猪了。

⊙2.烹饪方式

猪肉之所以被认为脂肪含量很高，其实还和烹饪方式有直接联系。在国内烹饪的传统中，猪肉是以肥美丰腴的口感著称的。自己细细想想，平日里最受大家喜欢的的猪肉菜式，红烧肉、回锅肉、东坡肘子、梅菜扣肉……本身主打的口感就是脂肪的丰润和油脂的甜美。

而在中国人传统的猪肉菜品中，只用瘦猪肉的并不多见。就算有，也大多是要经过油炸的咕噜肉、锅包肉、糖醋里脊之类的。其主要原因就在于瘦猪肉没有脂肪的油润，只能通过油炸改善口感。

所以，在国内饮食文化中，猪肉本身就是跟油、肥、脂肪密切相关的。这也就可以解释，为什么从印象上和潜意识里，健身者就排斥猪肉，即使它是瘦的。

除此之外，瘦猪肉本身的烹饪就是个很大的问题。瘦牛肉做成牛排或切片去炒会有很多肉汁，鸡胸脯虽然有些干，但是如果上浆、滑蛋清，抓炒时掌握好火候，也很好吃。但是瘦猪肉做起来就很容易柴，肉汁也远远没有那么丰满充沛。这也就导致很多人不爱吃瘦猪肉。

聊完了国内健身人士不吃猪肉的主要原因，再说说猪肉的营养。其实猪肉没有大家想的那么坏，瘦猪肉的营养是很不错的，甚至在很多方面都比牛肉和鸡肉还要适合健身者。

不少人都觉得牛肉的氨基酸含量很高，但实际上猪肉的氨基酸含量并不比牛肉低，有研究对比了猪肉和牛肉背最长肌的氨基酸含量，研究结果显示，牛肉的必需氨基酸含量约为39mg/g[31]，而猪肉则高达44mg/g[32]。即使根据肉的部位、品种、个体不同而含量有所差异，大致范围也是没有什么区别的。

另外，从肌酸的角度来看，猪肉里的肌酸含量也相对更高。食品里的肌酸含量（克/公斤）：猪肉5.0，牛肉4.5，鳕鱼3.0，鸡肉无。

肌酸这东西是近百年研究发现的增肌最安全和很有效果的一种天然化合物[33]，对于增长肌肉、增强力量特别有效，还对提高运动能力、促进身体恢复、增加胰岛素敏感性等有很好的效果。许多资料表明，补充肌酸可以使肌肉内磷酸肌酸的含量增加，在运动中有更多的磷酸肌酸可以利用，在运动后恢复期还有助于磷酸肌酸的再合成。[34]

所以健身者吃瘦猪肉的增肌效果可能会更好。尤其对于高阶训练者，如果不愿意使用外源性的肌酸补剂，吃瘦猪肉可以很有效地补充肌酸。

综上所述，日常饮食中，瘦猪肉对健身者也是一种很好的选择，不但不像大家想的那样，营养价值不如牛肉，导致发胖，反而是增肌减脂的好帮手，而且采购更加方便，性价比更高，更营养，更美味！

注解

[1] Frost, G., Keogh, B., Smith, D., Akinsanya, K., & Leeds, A. (1996). Preliminary report: The effect of low-glycemic carbohydrate on insulin and glucose response in vivo and in vitro in patients with coronary heart disease. Metabolism, 45(6), 669–672.

[2] Kabir, M., Oppert, J. M., Vidal, H., Bruzzo, F., Fiquet, C., Wursch, P., Slama, G., & Rizkalla, S. W. (2002). Four-week low-glycemic index breakfast with a modest amount of soluble fibers in type 2 diabetic men. Metabolism, 51(7), 819–826.

[3] Cordain, L., Eaton, S. B., Brand Miller, J., Mann, N., & Hill, K. (2002). The paradoxical nature of hunter-gatherer diets: Meat-based, yet non-atherogenic. European Journal of Clinical Nutrition, 56(1), S42.

[4] Due, A., Toubro, S., Skov, A. R., & Astrup, A. (2004). Effect of normal-fat diets, either medium or high in protein, on body weight in overweight subjects: a randomised 1-year trial. International Journal of Obesity, 28(10), 1283–1290.

[5] Skov, A. R., Toubro, S., Rønn, B., Holm, L., & Astrup, A. (1999). Randomized trial on protein vs carbohydrate in ad libitum fat reduced diet for the treatment of obesity. International Journal of Obesity, 23(5), 528–536.

[6] Westerterp-Plantenga, M. S., Rolland, V., Wilson, S. A. J., & Westerterp, K. (1999). Satiety related to 24 h diet-induced thermogenesis during high protein/carbohydrate vs high fat diets measured in a respiration chamber. European Journal of Clinical Nutrition, 53(6), 495–502.

[7] Batterham, R. L., Heffron, H., Kapoor, S., Chivers, J. E., Chandarana, K., Herzog, H., Le Roux, C. W., Thomas, E. L., Bell, J. D., & Withers, D. J. (2006). Critical role for peptide YY in protein-mediated satiation and body-weight regulation. Cell Metabolism, 4(3), 223–233.

[8] Batterham, R. L., Heffron, H., Kapoor, S., Chivers, J. E., Chandarana, K., Herzog, H., Le Roux, C. W., Thomas, E. L., Bell, J. D., & Withers, D. J. (2006). Critical role for peptide YY in protein-mediated satiation and body-weight regulation. Cell Metabolism, 4(3), 223–233.

[9] NHLBI Obesity Education Initiative Expert Panel on the Identification, Evaluation, and Treatment of Obesity in Adults. (1998). Clinical guidelines on the identification, evaluation, and treatment of overweight and obesity in adults: The Evidence Report. National Institutes of Health.

[10] Biolo, G., Maggi, S. P., Williams, B. D., Tipton, K. D., & Wolfe, R. R. (1995). Increased rates of muscle protein turnover and amino acid transport after resistance exercise in humans. American Journal of Physiology-Endocrinology and Metabolism, 268(3), E514–E520.

[11] Lemon, P. W., Tarnopolsky, M. A., MacDougall, J. D., & Atkinson, S. A. (1992). Protein requirements and muscle mass/strength changes during intensive training in novice bodybuilders. Journal of Applied Physiology, 73(2), 767–775.

[12] 文安. (2012). 摄入糖—蛋白质饮料对男性力量项目运动员抗阻运动后雄激素代谢的影响 (Doctoral dissertation, 上海体育学院).

[13] Lemon, P. W. (1998). Effects of exercise on dietary protein requirements. International Journal of Sport Nutrition,

8(4), 426–447.

[14] Johnston, C. S., Day, C. S., & Swan, P. D. (2002). Postprandial thermogenesis is increased 100% on a high–protein, low–fat diet versus a high–carbohydrate, low–fat diet in healthy, young women. Journal of the American College of Nutrition, 21(1), 55–61.

[15] DeMarco, H. M., Sucher, K. P., Cisar, C. J., & Butterfield, G. E. (1999). Pre–exercise carbohydrate meals: application of glycemic index. Medicine and Science in Sports and Exercise, 31(1), 164–170.

[16] Biolo, G., Maggi, S. P., Williams, B. D., Tipton, K. D., & Wolfe, R. R. (1995). Increased rates of muscle protein turnover and amino acid transport after resistance exercise in humans. American Journal of Physiology–Endocrinology and Metabolism, 268(3), E514–E520.

[17] Rasmussen, B. B., Tipton, K. D., Miller, S. L., Wolf, S. E., & Wolfe, R. R. (2000). An oral essential amino acid–carbohydrate supplement enhances muscle protein anabolism after resistance exercise. Journal of Applied Physiology, 88(2), 386–392.

[18] Lambert, C. P., Frank, L. L., & Evans, W. J. (2004). Macronutrient considerations for the sport of bodybuilding. Sports Medicine, 34(5), 317–327.

[19] 文安. (2012). 摄入糖—蛋白质饮料对男性力量项目运动员抗阻运动后雄激素代谢的影响 (Doctoral dissertation, 上海体育学院).

[20] Cappon, J. P., Ipp, E., Brasel, J. A., & Cooper, D. M. (1993). Acute effects of high fat and high glucose meals on the growth hormone response to exercise. The Journal of Clinical Endocrinology & Metabolism, 76(6), 1418–1422.

[21] 张颖, &李涛. (2011). 运动对生长激素的影响. 咸宁学院学报, 31(6), 81–83.

[22] Burke, L. M., Collier, G. R., & Hargreaves, M. (1993). Muscle glycogen storage after prolonged exercise: effect of the glycemic index of carbohydrate feedings. Journal of Applied Physiology, 75(2), 1019–1023.

[23] Jozsi, A. C., Trappe, T. A., Starling, R. D., Goodpaster, B., Trappe, S. W., Fink, W. J., & Costill, D. L. (1996). The influence of starch structure on glycogen resynthesis and subsequent cycling performance. International Journal of Sports Medicine, 17(5), 373–378.

[24] Campfield, L. A., Smith, F. J., Guisez, Y., Devos, R., & Burn, P. (1995). Recombinant mouse OB protein: evidence for a peripheral signal linking adiposity and central neural networks. Science, 269(5223), 546–549.

[25] Kohrt, W. M., Landt, M., & Birge Jr, S. J. (1996). Serum leptin levels are reduced in response to exercise training, but not hormone replacement therapy, in older women. The Journal of Clinical Endocrinology & Metabolism, 81(11), 3980–3985.

[26] Knab, A. M., Shanely, R. A., Corbin, K. D., Jin, F., Sha, W., & Nieman, D. C. (2011). A 45–minute vigorous exercise bout increases metabolic rate for 14 hours. Med Sci Sports Exerc, 43(9), 1643–8.

[27] Solberg, R., Aas, V., Thoresen, G. H., Kase, E. T., Drevon, C. A., Rustan, A. C., & Reseland, J. E. (2005). Leptin expression in human primary skeletal muscle cells is reduced during differentiation. Journal of Cellular Biochemistry, 96(1), 89–96.

[28] 龚海红, 陆超, &徐华国. (2007). Ghrelin 与儿童肥胖关系. 江苏医药, 33(7), 691–692.

[29] Ochner, C. N., Geliebter, A., Bauer, C. L., & Hashim, S. A. (2007). Effects of strength and aerobic training on metabolic syndrome, insulin, and testosterone levels in dieting obese subjects. Appetite, 49(1), 318.

[30] Ghanbari–Niaki, A. (2006). Ghrelin and glucoregulatory hormone responses to a single circuit resistance exercise in male college students. Clinical Biochemistry, 39(10), 966–970.

[31] 李聚才, 刘自新, 王川, 梅宁安, &马小明. (2013). 不同杂交肉牛背最长肌氨基酸含量分析. 肉类研究, (9), 19–22.

[32] 吴妹英, 曹长贤, 张力, &肖天放. (2009). 不同品种猪肌肉脂肪酸和氨基酸含量. 福建农林大学学报: 自然科学版, 38(2), 166–170.

[33] 刘大川, 贾炳善, &李秀英. (1998). 补充肌酸对有氧和无氧运动能力的影响. 首都体育学院学报, (1), 21–23.

[34] 刘兵. (2007). 补充肌酸对运动能力和健康的影响. 贵州体育科技, (4), 39–42.

训练计划作为健身中最重要的组成部分之一，
其重要程度不亚于具体的训练内容。
可能很多人以为的健身计划就是每天什么时候
去健身房、待多久、练哪里之类，
但实际上，编排健身计划是很有讲究的。
一个好的健身计划不仅能让你训练起来更轻松，
还能让你的训练事半功倍，付出更少，收获更多。
那么，一个好的健身计划包括了什么呢？
我们一个一个来说。

7

Chapter

每日训练计划

训练计划作为健身中最重要的组成部分之一，其重要程度不亚于具体的训练内容。可能很多人以为的健身计划就是每天什么时候去健身房、待多久、练哪里之类，但实际上，编排健身计划是很有讲究的。

一个好的健身计划不仅能让你训练起来更轻松，还能让你的训练事半功倍，付出更少，收获更多。那么，一个好的健身计划包括了什么呢？我们一个一个来说。

训练频率

首先，是关于训练频率的问题。

训练频率，顾名思义，指的是一周可以练多少次。由于每个人的情况都不同，时间跨度也很大，因此，具体的频率还是要看个人。

从一周一练到一周七练，你可以根据自己的实际情况来选择。

然而，很多朋友不知道的是，一周一练和一周七练在训练项目的安排上也应该有所不同。而不是一周锻炼一次，跑步30分钟、各种器械玩20分钟，一周七次还是每天跑步30分钟、各种器械玩20分钟。要知道，不管每个人的具体情况如何，健身的目的都是相同的，那就是让你的身材更好、更健康。所以，针对不同的频率，训练方法也是不同的。

下面我们来分情况讨论一下：

一周一练

如果你时间很紧张，或者不愿意花费太多时间在健身上，但是又想通过几次健身训练来改善自己的身体情况，以达到塑形减脂的目的，你可以选择每周1～2练的训练频率。

至于具体的训练内容，就要选择"上半身训练＋下半身训练"模式，这样可以在尽可能少的训练次数里，均衡地训练到身体的主要肌群。

推荐如下健身计划：

健身房版：健身房上半身初阶训练＋健身房下半身初阶训练

家庭版1：无器械上半身塑形版＋无器械针对臀腿版

家庭版2：无器械全身减脂初阶版＋无器械全身减脂进阶版

一周3～5练

如果你是时间比较充裕的初学训练者，或者你想对每个大肌群都进行更具针对性的训练，那么，你可以安排一周3～5次的训练频率。一般而言，对于初学者来讲，一周训练3天是比较合理也比较轻松的选择。我们以一周3练为例，好的健身计划是：

请选择主要的大肌群部位，如胸部、背部、臀腿，作为主要训练内容。

如前面所说，这些大肌群才是最重要的几块彰显身材的区域，同时它们燃脂效率很高，可以让你避免一次减肥之后时时刻刻防反弹的情况。

一周3练的人正好可以每次安排一个大肌群训练，在此基础上再加上核心或肩部等小肌群训练，在做完大肌群的训练后，抽出10～15分钟时间来完善一些细节，就足够让身材变得很好了。比如，想要练马甲线的人，可以多做平板支撑、卷腹等；而以减肥为主的人，则可以做做HIIT，加快减肥进程。

如果是一周4练或者一周5练的人，在3天轮流的大肌群训练内容后，剩下的1～2天，你可以安排自己觉得比较薄弱的部位，做强化练习，比如对男女都很重要的核心肌群等。

健身计划推荐：

健身房版：器械胸部训练计划＋器械背部训练计划＋器械臀腿训练计划

家庭版：无器械上半身塑形版＋无器械肩部&核心训练计划＋无器械针对臀腿版

一周6～7练

如果你准备安排一周6～7次训练频率，或者你属于想要更好更细致地雕琢身体部位的进阶训练者，那么，除了上面介绍过的三大肌群训练轮流组合，你还可以选择在大肌群训练的同时，穿插进一两天，结合中小肌群，进行更加有针对性的训练。

比如，在背部训练日加入肩臂的训练内容，或者在胸部训练日里加入肩部和肱三头肌的训练内容。在我为大家推荐的健身塑形计划中，健身房版就比较适合这种情况。我相信，高阶训练者们一定有属于自己的比较合适的训练计划，所以暂时就不考虑高阶训练者了。

训练间歇

谈到了训练频率，接下来说说训练间歇。

间歇，指的是两组动作之间的休息时间。很多人做完一组动作后，由于太累，会玩半个小时手机。还有些人太急于求成，一组动作做完后，连休息时间都没有，就直接奔向下一台机器。要知道，这两种做法都是不对的。间歇时间对健身效果一样很重要，我们不仅要休息得合理，还要休息得科学才行。

在这里需要说明的是，无氧抗阻训练的过程，实际上就是一次又一次地对肌肉组织以及肌肉内的能源物质进行消耗的过程。而每次肌肉运动过后进行的充足休息，以及补充足够的营养物质的时间，就是肌肉恢复和生长的绝佳时期。

所以，如果是为了增肌塑形，健身训练中，保证每两次训练之间充分有效地休息，才能让我们的汗不白流。

那么，到底每两次力量训练之间，间隔多长时间才最为合理呢？

一般而言，肌肉内肌糖原的恢复时间在24小时以上，我们常见的大肌群的恢复时间在48～72小时之间。大肌群内的肌腱等组织，比如筋骨等，恢复时间也在72小时左右，而在运动过程中，统筹大肌群完成训练动作的神经和神经中枢，恢复时间可能高达80个小时。

说这么多是为了什么呢？结合上面提到过的健身训练中充足的休息和营养补充对健身效果的重要性，结论就是——

为了让自己的身体在每次健身训练后都能有更好的恢复和生长，最好能让两次大肌群训练间隔72小时左右，也就是3天。

看到这里肯定会有人说：你上面不是说一周3～5次训练比较合理吗？那间隔72小时的话，还怎么在一周内训练3～5次啊？

其实这个间歇时间指的并不是全身的间歇，而是具体到某一块肌群的休息时间。比如，你周一练了臀，那么给臀部肌肉72小时的休息时间，周四就可以重新练臀了。但是，在周二你依然可以训练胸部或者背部啊。

基于这个原因，在编排训练计划的时候，我们也要考虑到同一个部位的间歇问题。健身房里有很多男性想要拥有两只强壮的手臂，为此，每天跑去做强化手臂的训练，这样就是错误的。

正确的方法是：如果你想要练习手臂，那么周一练了之后就得让手臂得到充分的休息，在周二及周三进行一些别的部位的训练，到周四的时候再来练一次手臂。这样才能让肌肉获得最佳的状态和生长。

训练强度

说到了间歇，接下来说说强度。

在大部分领域，强度都是一个非常含糊的词，因为好像大家都知道怎样是轻松、怎样是辛苦，但具体强度是多少，每个人都是没有概念的。

所以，首先，你要明白什么叫作"训练强度"。

训练强度，也即训练量，是由单次训练的总负荷构成的。一般日常运用中，你只需要简单地把它想作是"训练重量"×"训练次数"就足够了。

在绝大多数健身计划中，训练强度会被分为大、中、小三个等级。

那么，如何定义或者计算自己的训练强度呢？

训练计划的主要目的是更好地实现训练效果，所以，太复杂的逻辑我就不在这里细说了。目前学术界定义训练强度的方式多种多样，计算训练强度的方法也是多种多样，不过，日常训练中，你只需要记住下面这个简易的衡量标准就可以了：

1. 大训练量：你状态最好的时候的训练负荷。

2. 中训练量：大训练量×90%。

3. 小训练量：大训练量×85%。

也就是说，训练强度，即训练量，是由你每次训练的训练负荷决定的！

而训练负荷又是由训练重量和训练次数共同决定的，所以，当你想要改变你的训练强度时，有两种不同的改变方式：改变该次训练的训练重量，或者改变该次训练的训练次数。

当你选择改变训练重量来实现训练强度的调整时，我们可以得出下面的公式：

大训练量＝100%×重量，中训练量＝90%×重量，小训练量＝85%×重量。

举个简单的例子，比如你状态最好的时候，是做10个为一组的50公斤深蹲训练。那么，这个50公斤×10就是你的大训练量，45公斤×10就是中等训练量，42.5公斤×10就是小训练量。

当然，你也可以选择训练重量不变，通过改变训练总次数来相应地改变训练强度。训练强度与训练次数之间的关系如下：

大训练量＝100%×次数，中训练量＝90%×次数，小训练量＝85%×次数。

同样以刚才的深蹲训练做例子，比如你状态最好的时候，做深蹲动作时，是以50公斤×10为一组，一共做3组，那么50公斤（10×3）就是你的深蹲大训练量。相应地，你的中度训练量就是50公斤（30×90%），50公斤（30×85%）就是小训练量。假设你每次都做3组，你的深蹲大训练量就是每组10个，中训练量是每组9个，小训练量就是每组8个。

由于训练重量完全是由每个人的具体情况决定的，没有标准的衡量方法，所以我在为大家设计训练强度时，一般会选择以改变训练次数的方式来实现强度的改变。

当然，本书的最后会附上我为大家列的训练计划作为参考，方便读者更好地编排自己的健身计划。

既然区分了大、中、小三种训练强度，一定就有好学的朋友要问了：为什么要有这种区分呢？

简单地说，因为人是不可能一直用最大训练量来训练的！

即使你说你可以，实际上也不应该一直用最大训练量。我们前面在两次训练之间的间歇问题里谈到过，身体在抗阻训练后需要一段时间的自我恢复。如果你在第二次训练时，身体还没有及时恢复，或者没将上次健身训练的效果全部落实，直接用，甚至一直用大训练量训练，不仅不能达到好的训练目的，还会导致训练效果更差，而且更容易导致训练疲劳、精神萎靡，甚至受伤！

所以，设置不同的训练强度，并且妥善安排强度的变化，是非常有必要、有意义、有价值的一件事！

超量恢复

可能有人看到前面几项内容后会说：原来如此，那我去编排计划啦！

那我不得不把你拽回来，再引入一个相对麻烦一点儿的概念——超量恢复。

关于训练强度，与之密切相关的一个运动健身理论就是超量恢复。

超量恢复理论是目前世界运动训练的基础理论之一，由苏联运动学专家提出。大意就是：运动时，肌糖原等物质会被消耗。在运动结束后，为了准备下一次的运动消耗，身体会储备更多的肌糖原。

运动后身体将储备更多的能量

	活动量		肌糖原（mg%）		
	每min肌肉收缩次数	活动时间（min）	活动停止后	活动后4h	活动后24h
1	30	30	−140	−30	+16
2	60	15	−381	−194	+18
3	104	9	−591	−	+45
4	208	4.5	−785	−517	+49

不仅如此，研究人员还发现，这种超量恢复的情况并不是肌糖原特有的！在运动后，不同器官、不同能源的消耗也都存在恢复时间和超量恢复曲线。

正如我们前面提到的，很多研究发现，超量恢复中的大肌群，恢复时间在72小时左右。而调用这些大肌群（统筹大肌群等），所动用的神经和神经中枢，恢复时间更是可能高达80小时。脏器的恢复时间也在72小时左右。

这也就是说，为了确保在下一次运动中有更好的运动表现和运动效果，我们最好针对人体的自然恢复时间来制订训练计划。

力竭运动后可选择的恢复时间

恢复过程		可选择的恢复时间	
		最小	最大
肌肉中磷酸原恢复		2min	3min
肌糖原恢复	长时间运动后	10h	46h
	间歇运动后	5h	24h
肌肉和血乳酸清除	运动性恢复	30min	1h
	休息性恢复	1h	2h

除此之外，人体的自然恢复时间还和训练量相关，每一次的训练量不同，都会导致身体所需要的恢复时间不同。所以，我们在制订训练计划时，还应该考虑个人的训练量和恢复时间这些因素。

把上述理论套用到实际的健身训练计划制订上，最好的训练强度安排其实就是高中低三个训练量循环。

一般是大训练量→小训练量（恢复期）→中训练量（超量恢复期）→中训练量（超量恢复期）→大训练量，如此循环。

需要注意的是，我们在设计训练强度时，考虑的身体自然恢复期是以"天"为时间单位的。这也就是说，即使在你不训练的日子里，身体也会因为上一次的训练而在进行超量恢复，而决定每次训练强度的是你上一次的训练强度，以及两次训练之间的间隔时间。

举个简单的例子，如果你决定一周3练，然后选择了星期一、星期三、星期五这三天，那么当你星期一用了大训练量后，星期二就是你的小训练量，星期三为中训练量，星期四也为中训练量，星期五为大训练量，然后以此类推……

当然，具体的计划你也可以依据自己的时间情况来做调整，比如，你觉得某一天的训练状态特别好，那么，原本的小训练强度也可以改变成中训练强度。

好啦，理论的部分就到此结束，下面就是我依据训练强度和训练内容，为大家设计的两周训练计划。

两周训练计划

初学者
每周3练

中高阶
一周4到5天

第一周

初学者			中高阶	
一	下半身肌群（大训练量）		一	臀腿+肩（大训练量）
二			二	
三			三	背（小训练量）
四	上半身肌群（小训练量）		四	胸（中训练量）
五			五	
六	下半身肌群（中训练量）		六	臀腿+肩（中训练量）
日			日	

第二周

初学者			中高阶	
一	上半身肌群（大训练量）		一	背（大训练量）
二			二	
三			三	胸（小训练量）
四	下半身肌群（小训练量）		四	
五			五	臀腿+肩（中训练量）
六	上半身肌群（中训练量）		六	背（小训练量）
日			日	

当然，如果你觉得上面这个太复杂，那你也可以选择跟着下面的训练计划引导表来设定自己的训练计划。

如何自己编排计划？

首先，你要选择适合自己的运动场地。

是在家里进行以无器械训练为主的训练呢，还是在健身房进行更全面的器械抗阻训练？

选定训练场地后，你要考虑你可以花在健身训练上的时间。

大致分为以下几类：

1.一周只能抽出一天的时间来锻炼，那我建议在家训练的人在一天的训练计划中选择全身性的塑形内容，在健身房训练的人则可以选择上下半身肌先后都练到，每组的动作次数相应减少就可以啦。

2.如果你一周可以花上2天时间进行锻炼的话，无论是在在健身房还是在家里，你都最好将训练安排分为上半身肌群和下半身肌群两大块，两次训练最好间隔2天以上，以保证身体的充分恢复哦。

3.如果你一周有3天的训练时间，那你就可以选择好好地细化你的训练部位。我们推荐的依然是以胸、背、臀为主的大肌群训练。

4.对于想要一周进行4练或者更多的人，在保证你们的身体休息充分，营养供给充足的情况下、可以选择以一周3练作为基准，然后多出的日子轮流再来一遍就好啦；或者你也可以直接选择你想要强化的部位，只要不在连续的两次训练过程中练同一个部位就可以啦。

再次强调一下训练强度的问题。

一般而言，家庭无器械训练方式，多以自重训练和小负荷训练为主，训练重量不会太大，所以不用特别考虑训练强度的问题。如果觉得状态好，就按照训练计划表多做几组；如果觉得状态没那么好，少做几组也可以。

健身房的训练计划，由于重量的可调范围比较大，每个人的最大重量也都不一样，我们在这里统一以最佳状态时每组动作的训练次数为标准。大强度日，直接按照训练计划走就好；中等强度日，将你大强度日的每组动作的训练次数×90%，小强度日；请将大强度日的每组动作次数×85%。

不同部位训练计划

选择场地

家庭无器械 ｜ 健身房

一周1练 ｜ 一周2练 ｜ 一周3~5练 ｜ 一周2练 ｜ 一周3~4练 ｜ 一周4~6练

全身肌群（初级 or 进阶）

第1练 臀腿 ｜ 第2练 上半身肌群

第1练 臀腿 ｜ 第2练 肩部&核心 ｜ 第3练 胸部&肱三头肌 ｜ 第4练 臀腿 ｜ 第5练 背部&核心

第1练 下半身肌群 ｜ 第2练 上半身肌群

第1练 臀腿 ｜ 第2练 背部 ｜ 第3练 胸部 ｜ 第4练 臀腿&背部

第1练 臀腿 ｜ 第2练 背部&核心 ｜ 第3练 胸部&肱三头肌 ｜ 第4练 臀腿 ｜ 第5练 背部&核心 ｜ 第6练 胸部&肱三头肌

下面是一些具体的训练计划，供各位参考。

1.肩部训练计划

肩部训练计划

动　作	次　数	组　数
空手侧平举热身	10	3
侧平举	15	4
L侧平举	15	4
俯身侧平举	12	3
古巴推举	12	3

2.胸部训练计划

家庭版

俯卧撑训练计划
（胸部、塑形、无器械）

动　作	次　数	组　数
标准俯卧撑（热身）	10	3
击掌俯卧撑	力竭	3
上斜击掌俯卧撑	15	2
下斜击掌俯卧撑	15	2
上斜宽距俯卧撑	15	3
下斜窄距俯卧撑	15	3
拉伸：手抵住墙，缓缓转体，让胸部被拉伸		

若不能做击掌俯卧撑，可以做标准俯卧撑。可以尝试下斜击俯卧撑或上斜击掌俯卧撑，这两样比较容易。

健身房版

胸部健身房训练计划
（男版、增肌塑形）

动 作	强 度	组 数
杠铃卧推	8RM	3
哑铃上斜卧推	12RM	3
器械上斜卧推	8RM	3
器械夹胸	12RM	3
拉索夹胸	12RM	3

胸部健身房训练计划
（女版、减脂塑形）

动 作	强 度	组 数
杠铃卧推	15RM	3
哑铃上斜卧推	12RM	3
器械上斜卧推	12RM	3
器械夹胸	12RM	3
拉索夹胸	12RM	5

胸部·卧推训练计划
（胸部、增肌塑形、健身房）

动　作	强　度	次　数	组　数	组间间歇
平板卧推（热身）	40	15	2	0~30s
标准平板卧推	100	10	3	30~90s
宽距平板卧推	90	10	3	30~90s
上斜窄距杠铃卧推	60	15	3	30~60s
下斜宽距杠铃卧推	40	15	3	30~60s

3.核心肌群训练计划

核心肌群训练计划

动 作	次 数	组 数
反向卷腹	12	3
十字挺身	15	3
平板支撑	力竭	3

建议:

核心部位的训练可以与其他大肌群的训练相结合,放在大肌群训练之后做。

如果想要单独强化核心肌群,也可以把核心部位和小肌群结合在一起。

4.臀部训练计划

家庭臀部训练计划

动　作	次　数	组　数
弹力带半蹲侧向行走	15	3
沙发深蹲	15	3
拉力深蹲	15	3
罗马尼亚硬拉	12	3
臀桥	10	3
单腿臀桥	10	3
平板支撑	力竭	3
HIIT	15~30分钟	
拉伸	10~20分钟	

无器械臀部训练计划

动　作	次　数	组　数
弹力带半蹲侧向行走	15	3
徒手深蹲	15	3
臀桥	10	3
单腿臀桥（双腿）	12	3
反向卷腹	12	3
十字挺身	15	3
平板支撑	力竭	3
HIIT	15～30分钟	
拉伸	10～20分钟	

· 如果没有弹力带，也可以慢跑5分钟热身；

· HIIT可以选择：①快慢跑交替：半分钟快、半分钟慢等；②跳绳单双摇交替：100个单摇掺10个双摇；③各种HIIT操课。

· 拉伸时着重臀部。

深蹲·新手训练计划

动 作	次 数	组 数
弹力带侧向行走（激活臀部）	15	3
沙发深蹲	20	3
拉力深蹲	20	3
单腿臀桥	12	3
直腿硬拉	10	2
十字挺身	20	3

· 适用人群：入门者、体质较弱或伤病初愈者；
· 计划特点：所有动作都比较缓和、安全，对于塑形比较全面，为最标准的深
  蹲打好基础；
· 激活臀部可以当作热身组，如果没有弹力带，也可以慢跑5分钟热身；
· 减脂的同学，可在训练后加15～30分钟HIIT的有氧训练。

深蹲 · 进阶训练计划

动 作	次 数	组 数
弹力带侧向行走（激活臀部）	15	3
沙发深蹲跳	20	3
面壁深蹲	15	3
单腿拉力深蹲	15	3
沙发深蹲	15	3
单腿臀桥	15	3
平板支撑&十字挺身 超级组	中间不休息，一个动作接下个动作， 各三组	
十字挺身	15	3
平板支撑	力竭	3

· 适用人群：居家健身者，具有一定深蹲基础，无伤病；
· 计划特点：减脂塑形效果更强，更好地兼顾了"翘"和"挺"（臀大肌和臀中肌），为力量负重深蹲打好基础；
· 激活臀部可以当作热身组，如果没有弹力带，也可以慢跑5分钟热身；
· 减脂的同学，可在训练后加15~30分钟HIIT的有氧训练。

5.背部健身房训练计划

背部健身房训练计划

动　作	次　数	组　数
哑铃俯身划船	12	3
固定器械高位下拉	10	3
固定器械坐姿划船	10	3
单臂俯身划船	12	3
固定器械卷腹	15	3

硬派健身
TOUGH
WORKOUT

图书在版编目（CIP）数据

硬派健身 / 斌卡著. -- 长沙：湖南文艺出版社，
2015.6
ISBN 978-7-5404-7130-9

Ⅰ.①硬… Ⅱ.①斌… Ⅲ.①健身运动—基本知识 Ⅳ.①G883

中国版本图书馆CIP数据核字（2015）第066276号

上架建议：**畅销书·运动健身**

硬派健身

作　　者：斌 卡
出 版 人：刘清华
责任编辑：薛 健　刘诗哲
监　　制：陈 江　毛闽峰
策划编辑：郑中莉
文案编辑：段 梅　张红丽
营销编辑：刘碧思　张 璐
封面设计：熊琼工作室
版式设计：利 锐　李 洁
出版发行：湖南文艺出版社
　　　　　（长沙市雨花区东二环一段508号　邮编：410014）
网　　址：www.hnwy.net
印　　刷：北京缤索印刷有限公司
经　　销：新华书店
开　　本：787mm×1092mm 1/16
字　　数：226千字
印　　张：18
版　　次：2015年6月第1版
印　　次：2015年6月第1次印刷
书　　号：ISBN 978-7-5404-7130-9
定　　价：48.00元

（若有质量问题，请致电质量监督电话：010-84409925）